파고다 오분톡

하 루 5 분 , 무 조 건 말 하 는

영어회화

켈리 오 | 저

상황별

PAGODA Books

파고다 오분톡 영어회화 5 상황별

초 판 1쇄 인쇄   2020년 6월 17일
초 판 1쇄 발행   2020년 6월 17일

지 은 이 | 켈리 오
펴 낸 이 | 고루다
펴 낸 곳 | Wit&Wisdom 도서출판 위트앤위즈덤
임프린트 | **PAGODA Books**
책임편집 | 허경진
디자인 총괄 | 손원일, 정현아
마 케 팅 | 도정환, 진부영, 유철민, 김용란, 김대환
출판등록 | 2005년 5월 27일 제 300-2005-90호
주   소 | 06614 서울특별시 서초구 강남대로 419, 19층(서초동, 파고다타워)
전   화 | (02) 6940-4070
팩   스 | (02) 536-0660
홈페이지 | www.pagodabook.com

저작권자 | ⓒ 2020 켈리 오

ISBN 978-89-6281-847-5(13740)

도서출판 위트앤위즈덤   www.pagodabook.com
파고다 어학원   www.pagoda21.com
파고다 인강   www.pagodastar.com
테스트 클리닉   www.testclinic.com

· 머리말 ·

지난 8년간 기초영어회화라는 주제로 다양한 학생들과 호흡하면서 단순 지식 전달이 아닌 각기 다른 학생들이 가진 영어회화 학습에 대한 동기와 니즈를 파악하기 위해 다양한 채널을 통해 소통해왔으며, 이를 바탕으로 보다 양질의 효과적인 내용을 전달하려 노력해왔습니다. 영어공인성적을 잘 받고 싶은데 기초가 부족해 수업을 듣게 된 대학생들부터, 영어권 국가로 유학을 간 아들딸 및 손주 앞에서 부끄럽지 않을 간단한 회화 정도는 하고 싶어하시는 부모님들, 졸업 후 해외 취업을 희망하는 대학생들까지 다양한 분들이 솔직하게 들려주신 말씀 안에 많은 비슷한 점이 있다는 것을 알게 되었습니다. 그것은 (조금은 뻔할 수 있지만) 영어가 잘 들리지 않는 데서 오는 답답함과 막막함, 그리고 반대로 원어민을 만났을 때 아는 만큼은 잘 활용하고 있는 자신을 볼 때 느끼는 만족감과 그로 인한 자신감이었습니다. 이를 증명하듯 하루에도 수많은 책들과 온라인 콘텐츠들이 영어 듣기, 말하기 능력 향상을 겨냥하여 저마다의 참신한 솔루션을 제시하고 있습니다. 필자 또한 교육에 이러한 솔루션들을 참고하는 입장에서 앞으로 과연 어떠한 더 참신하고 좋은 콘텐츠들이 나올 수 있을지 기대하는 동시에, 트렌드에 뒤쳐지지 않기 위해 매일같이 팔로우하며 끊임없이 공부하고 있습니다.

영어회화 공부를 시작하고자 하는 분들을 위해 학습 순서를 정해본다면, 갓난아기들이 엄마 아빠의 말을 들으며 조금씩 말문이 트이듯, 회화 학습에 있어서 가장 우선적이고 중요한 과정은 특정 상황에서 반복되는 내용을 지속적으로 여러 번 듣고 체득하는 것이라고 생각합니다. 저 또한 이 책을 집필할 때 이를 가장 중요한 기준으로 두고 순서를 정리했습니다. 특정한 상황에서 자주 듣거나 말해야 하는 필수 표현들을 잘 익혀 두신다면 그 상황을 마주했을 때 당황하지 않고 자신 있게 이야기할 수 있을 것입니다. 또한 공부하는 주제가 내가 평소 즐기는 내용이 된다면 지루하지 않고 훨씬 더 빠르게 영어 실력을 향상시킬 수 있을 것입니다. 이를 위해 이 책에서는 인기 있는 영화, 드라마, TV 쇼 등 실생활에서 자주 접할 수 있는 표현 위주로 예문을 구성하였습니다. 여러모로 여러분들이 영어를 배워 나가는 과정에 이 책이 작은 역할을 할 수 있기를 바라며 책을 펴냅니다.

이 책이 나오기까지 함께 해주신 많은 분들께 진심으로 감사드립니다. 제 강의를 사랑해주시고 믿어주시는 수강생분들, 항상 저를 위해 기도하고 아낌없는 응원을 해주는 가족들, 그리고 이 책을 집필하면서 처음부터 끝까지 가장 큰 동기부여를 주고 함께 피땀 흘려준 제 조력자이자 사랑하는 Suzac에게 이 책을 바칩니다.

앞으로도 여러분이 더 쉽고 재미있게 영어와 친해지고 다양한 상황에서 자신 있게 영어를 할 수 있도록 여러분들과 소통하면서 끊임없이 연구해 나가겠습니다. 사랑합니다.

2020. 6. 저자 켈리 오

이 책의 200% 활용법

파고다북스 5분톡
바로가기

저자 직강 데일리 음성 강의

파고다 베테랑 영어회화 강사의 음성 강의!

교재 내용을 보다 확실하게 이해시켜 드립니다.

- 네이버 오디오클립에서 '파고다 5분톡 영어회화 상황별'을 검색해서 청취하세요.

교재 예문 MP3

영어 귀가 트이려면 반복해서 듣는 게 최고!

책에 수록된 모든 예문을 원어민 발음으로 들어볼 수 있도록 MP3를 무료로

제공합니다.

- 파고다북스 홈페이지에서 다운로드 받아 청취하세요. (실시간 스트리밍도 가능)

> 하루 **5분씩 100일**,
> 내 입에서 영어가 술술 나올 때까지!
> **5분톡 영어회화** 학습을 끌어주고
> 밀어주는 추가 자료 **4가지**

5분 집중 말하기 훈련

완벽한 확인 학습으로 문장 마스터!

교재, 음성 강의, MP3 학습 후 온라인 말하기 훈련 프로그램을 통해 문장 습득과 발음 정확도를 체크해보세요.

- 파고다북스 홈페이지에서 학습할 수 있습니다.

5분톡 발음 클리닉

영어 발음 업그레이드 특훈!

파고다 베테랑 영어회화 선생님의 강의를 통해 한국인이 어려워하는 영어 발음만 모아 교정, 연습할 수 있습니다.

- 파고다북스 홈페이지 또는 유튜브에서 '파고다 5분톡 발음 클리닉'을 검색하여 영상을 시청하세요.

책 내용 미리보기

일상에서 자주 겪는 실제 상황들이
매일 다채롭게 제시됩니다.

DAY 001   체크인하기 #

🎧 잘 들어보세요! What you hear

🎧 **잘 들어보세요!** *What you hear*

Where are you flying today?
목적지가 어디세요?

May I have your passport?
여권 보여 주시겠어요?

Would you like an aisle seat or a window sea
좌석은 통로 쪽으로 하시겠어요 창가 쪽으로 하시겠어요?

💬 **이렇게 말해보세요!** *What you say*

**Excuse me,
where is the Air France check-in**
실례지만 에어프랑스 체크인 카운터는 어디에 있

 표현을 활용해보세요! Expr

• **Where are you -ing?**
어디(로/서) ...할 거예요? / ...해요?

↘ **Where are you going?**
어디로 가세요?

↘ **Where are you taking** m
저를 어디로 데리고 가는 거예요?

↘ **Where are** y
May I have your attention, please?
주목해 주시겠어요?

↘ **May I have a word?**
이야기 나눌 수 있을까요?

↘ **May I have this dance?**
같이 춤출까요?

상황별로 자주 듣는 문장과
자주 말하는 문장이 주어집니다.
MP3를 같이 들으며 학습해 보세요!

자주 듣고 말하는 문장에서
등장한 주요 표현을
따로 정리했습니다.
다양한 활용 예문도 같이
외워 보세요!

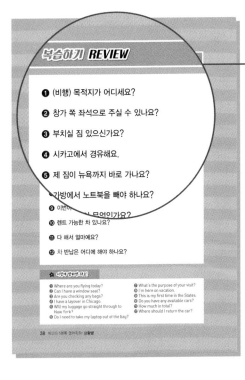

복습하기 *REVIEW*

❶ (비행) 목적지가 어디세요?

❷ 창가 쪽 좌석으로 주실 수 있나요?

❸ 부치실 짐 있으신가요?

❹ 시카고에서 경유해요.

❺ 제 짐이 뉴욕까지 바로 가나요?

❻ 가방에서 노트북을 빼야 하나요?

❾ 이번이 ... 무엇인가요?

❿ 렌트 가능한 차 있나요?

⓫ 다 해서 얼마예요?

⓬ 차 반납은 어디에 해야 하나요?

⭐ 이것이 말하기 포인트

❶ Where are you flying today?
❷ Can I have a window seat?
❸ Are you checking any bags?
❹ I have a layover in Chicago.
❺ Will my luggage go straight through to New York?
❻ Do I need to take my laptop out of the bag?

❾ What's the purpose of your visit?
❿ I'm here on vacation.
⓫ This is my first time in the States.
⓬ Do you have any available cars?
⓭ How much in total?
⓮ Where should I return the car?

38 하고 싶은 5분톡 영어회화 : 상황별

학습한 DAY들에서 가장
핵심이 되는 문장들을 골라
되새겨 볼 수 있는
복습 코너를 마련했습니다.
한국어 뜻을 보고 내가 외운
영어 문장을 말해 보세요!

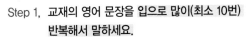

5분톡 으로 공부하는 방법

Step 1. 교재의 영어 문장을 입으로 많이(최소 10번)
반복해서 말하세요.

Step 2. 저자 직강 데일리 음성 강의를 들으면서 의미와 표현을 이해하세요.

Step 3. 교재 예문 MP3를 들으며 따라 말하세요.

Step 4. 5분 집중 말하기 훈련을 활용해 영어를 듣고 따라 말하고,
우리말 뜻을 보고 영어로 바꿔 말하는 연습을 하세요.

목차 & 100일 학습 체크리스트

CHAPTER1 여행하기

공항에서

학습완료!

기내에서

숙소에서

CHAPTER2 쇼핑하기

CHAPTER3 외식하기

CHAPTER4 영화 · 공연 보러 가기

영화 보러 가기

공연 보러 가기

CHAPTER5 주제별 가벼운 대화 나누기 (스몰 토킹)

스포츠

CHAPTER6 소셜 미디어 & 인터넷

CHAPTER 1
여행하기

공항에서

기내에서

숙소에서

대중교통 이용하기

길 물어보기

박물관 가기

공항에서

핵심단어

passport
여권

suitcase
여행 가방

boarding pass
탑승권

baggage carousel
수화물 컨베이어 벨트

trolley
트롤리, 카트

departures
출발 편

arrivals
도착 편

customs
세관

delayed
(시간이) 지연된

canceled
(비행이) 취소된

on time
정시에

🎧 잘 들어보세요! *What you hear*

Where are you flying today?
목적지가 어디세요?

May I have your passport?
여권 보여 주시겠어요?

Would you like an aisle seat or a window seat?
좌석은 통로 쪽으로 하시겠어요 창가 쪽으로 하시겠어요?

👄 이렇게 말해보세요! *What you say*

Excuse me,
where is the Air France check-in desk?
실례지만 에어프랑스 체크인 카운터는 어디에 있나요?

How many bags can I check?
짐은 몇 개까지 부칠 수 있나요?

Can I have a window seat?
창가 쪽 좌석으로 주실 수 있나요?

● **Where are you -ing?**
어디(로/서) ...할 거예요?/...해요?

↘ **Where are you going?**
어디로 가세요?

↘ **Where are you taking me?**
저를 어디로 데리고 가는 거예요?

↘ **Where are you staying?**
어디서 머무실 거예요?

● **May I have ...?** ...해도 될까요?

↘ **May I have your attention, please?**
주목해 주시겠어요?

↘ **May I have a word?**
이야기 나눌 수 있을까요?

↘ **May I have this dance?**
같이 춤출까요?

🎧 잘 들어보세요! *What you hear*

Are you checking any bags?
부치실 짐 있으신가요?

Did you pack your bags yourself?
짐은 직접 챙기셨나요?

Do you need any tags for your bags?
짐 태그(꼬리표) 필요하세요?

💬 이렇게 말해보세요! *What you say*

I have two bags to check in.
짐 두 개 부치려고요.

I have a layover in Chicago.
시카고에서 경유해요.

Do I need to pick up my bags in Chicago?
시카고에서 짐을 찾아야 하나요?

- **Did you ... yourself?** 직접 ...한 거예요?

  ↘ **Did you decorate this yourself?**
  이거 직접 꾸민 거예요?

  ↘ **Did you pick this stuff out yourself?**
  이 물건 직접 고른 거예요?

  ↘ **Did you make all these things yourself?**
  이거 혼자서 다 한 거예요?

- **I have a layover in ....** ...에서 경유해요.

  ↘ **I have a layover in Montreal.**
  몬트리올에서 경유해요.

  ↘ **I have a short layover on my way to New York.**
  뉴욕 가는 길에 한 번 경유하는데 스케줄이 빡빡해요.

  ↘ **I had a ten-hour layover in Chicago.**
  시카고에서 경유할 때 10시간 기다렸어요.

🎧 잘 들어보세요! *What you hear*

Please place your luggage on the scale.
저울에 짐을 올려주세요.

One of your bags is overweight.
짐 하나가 무게를 초과했습니다.

I'm gonna have to charge you for the excess weight.
초과된 무게에 대해서는 금액을 지불하셔야 됩니다.

👄 이렇게 말해보세요! *What you say*

Will my luggage go straight through to New York?
제 짐이 뉴욕까지 바로 가나요?

How much do you charge for extra luggage?
추가 짐에 대한 요금은 얼마인가요?

Where's the boarding gate?
탑승구는 어디에 있나요?

🎙️)) 표현을 활용해보세요! *Expressions*

- **I'm gonna have to ....** ...해야 할 거예요.

  ↘ **I'm gonna have to call you back.**
  다시 전화 드려야겠어요.

  ↘ **I'm gonna have to think about that.**
  그것에 대해 생각해봐야겠어요.

  ↘ **I'm gonna have to get going.**
  가야 할 것 같아요.

- **straight through (to) ...** ...로 바로(곧장) ～하다

  ↘ **Go straight through to a roundabout.**
  곧장 로터리까지 가세요.

  ↘ **I'm driving straight through to Chicago.**
  시카고까지 곧장 (운전해서) 갈 거예요.

  ↘ **I have to work straight through lunch.**
  점심시간에도 쭉 일해야 돼요.

DAY004 통관하기 #1

🎧 잘 들어보세요! *What you hear*

Can I see your boarding pass?
탑승권 보여 주시겠어요?

Do you have a laptop?
노트북 있나요?

You're all set.
다 됐습니다. (가셔도 좋습니다.)

👄 이렇게 말해보세요! *What you say*

Do I need to take my laptop out of the bag?
가방에서 노트북을 빼야 하나요?

Let me try taking off my belt.
제가 벨트를 벗어 볼게요.

I think my necklace set off the alarm.
제 목걸이 때문에 경고음이 울린 것 같아요.

● **Do you have ...?** ...있어요?

↳ **Do you have any idea?**
무슨 아이디어 있어요?

↳ **Do you have any questions?**
질문 있으세요?

↳ **Do you have a moment?**
잠깐 시간 돼요?

● **I think ....** (제 생각에) ...인 것 같아요.

↳ **I think you're right.**
당신이 옳은 것 같아요.

↳ **I think that's great.**
훌륭한 것 같아요.

↳ **I think you guys are making a big mistake.**
당신들 지금 큰 실수하는 것 같아요.

DAY005 통관하기 #2

 잘 들어보세요! *What you hear*

What's the purpose of your visit — business or pleasure?
방문 목적이 어떻게 되시죠? 비즈니스차 오셨나요 관광차 오셨나요?

What is your destination?
최종 목적지가 어디이신가요?

How long do you plan to stay?
얼마 동안 체류하실 계획인가요?

 이렇게 말해보세요! *What you say*

I'm here on vacation.
휴가 왔어요.

I'm visiting some friends and relatives.
친구들과 친척들을 방문하려고요.

I have a connecting flight.
연결 항공편이 있어요.

🎙🔊 표현을 활용해보세요! *Expressions*

• What's the purpose of ...? ...의 목적은 무엇인가요?

↳ **What's the purpose of your trip?**
여행 목적이 무엇인가요?

↳ **What's the purpose of this meeting?**
이 미팅의 안건/목적은 무엇인가요?

↳ **What's the purpose of such an intimate question?**
그런 사적인 질문은 왜 하시죠?

• How long do you ...? 얼마나 ...하나요?

↳ **How long do you need?**
얼마나 시간이 필요해요?

↳ **How long do you think it will take?**
얼마나 걸릴 것 같아요?

↳ **How long do you think we've been driving?**
우리가 얼마나 운전한 것 같아요?

🎧 잘 들어보세요! What you hear

Have you ever been to the States before?
미국에 오신 적 있으세요?

Have you got anything to declare?
신고하실 게 있나요?

Would you mind opening it for me, please?
가방 좀 열어 주시겠어요?

👄 이렇게 말해보세요! What you say

This is my first time in the States.
미국에 온 건 이번이 처음이에요.

No, nothing (to declare).
아니요, (신고할 게) 없어요.

I've got this carton of cigarettes from the duty-free shop.
면세점에서 담배 한 보루 샀어요.

● **Have you ever been...?** ...한 적 있어요?

↘ **Have you ever been to Paris?**
파리에 가본 적 있어요?

↘ **Have you ever been here before?**
전에 여기 와본 적 있어요?

↘ **Have you ever been in love?**
누군가를 사랑해 본 적 있어요?

● **Would you mind -ing?** ...을 해 주시겠어요?

↘ **Would you mind helping me?**
저 좀 도와주시겠어요?

↘ **Would you mind telling me why?**
이유를 말씀해 주시겠어요?

↘ **Would you mind taking a picture?**
사진 좀 찍어 주시겠어요?

🎧 **잘 들어보세요!** *What you hear*

May I see your driver's license?
운전면허증 좀 보여 주시겠어요?

We're all out of cars.
빌려드릴 차가 없네요.

Just fill out this form.
이 양식 좀 작성해주세요.

👄 **이렇게 말해보세요!** *What you say*

Do you have any available cars?
렌트 가능한 차 있나요?

I'd like to rent a car.
차 한 대를 렌트하고 싶은데요.

How much in total?
다 해서 얼마예요?

표현을 활용해보세요! Expressions

- **We're all out of ....** ...이 더 이상 없어요.

↘ We're all out of beer.
맥주 다 떨어졌어요.

↘ We're all out of wine.
와인 이제 없어요.

↘ We're all out of money.
우리 이제 돈 다 떨어졌어요.

- **Just fill out ....** ...을 작성해주세요.

↘ Just fill out this customs declaration form.
이 세관 신고서 작성해주세요.

↘ Just fill out your name tag.
이름표 작성해주세요.

↘ Just fill out this application.
이 지원서 작성해주세요.

DAY 008 렌터카 빌리기 #2

🎧 잘 들어보세요! *What you hear*

What color do you want?
어떤 색상으로 하실래요?

Who'll be driving?
누가 운전하실 건가요?

It comes with a full tank of gas.
휘발유는 가득 채워진 상태로 나와요.

👄 이렇게 말해보세요! *What you say*

Any color is fine.
아무 색상이나 괜찮아요.

Do you have anything cheaper?
더 저렴한 차 있나요?

I'll decide after I look at the cars.
차들 좀 보고 결정할게요.

● **Any ... is fine.** 아무 ...이든 괜찮아요.

↘ **Any time after three is fine.**
3시 이후로는 아무 때나 괜찮아요.

↘ **Any time on Saturday is totally fine.**
토요일 아무 때나 정말 괜찮아요.

↘ **Any ring is fine, as long as it's from you.**
당신이 주는 거라면 어떤 반지이든 상관없어요.

● **I'll decide after ....** ...후에 결정할게요.

↘ **I'll decide after dinner.**
저녁 먹고 결정할게요.

↘ **I'll decide after reading the script.**
대본 읽어 보고 결정할게요.

↘ **I'll decide after I review the evidence.**
증거 검토한 후에 결정할게요.

DAY 009 렌터카 빌리기 #3

🎧 잘 들어보세요! *What you hear*

Let's go through the inspection.
차 좀 확인하러 가시죠.

Please sign here.
여기에 서명해 주세요.

Please keep this form in the car.
이 서류는 차에 보관하세요.

👄 이렇게 말해보세요! *What you say*

There's a scratch on the back.
뒤쪽에 긁힌 자국이 있어요.

Where should I return the car?
차 반납은 어디에 해야 하나요?

Can I leave the car in another city?
다른 도시에서 차를 반납해도 되나요?

표현을 활용해보세요! Expressions

• Let's .... (우리) ...해요.

↘ **Let's be honest.**
솔직해져 봐요.

↘ **Let's be friends.**
우리 친구해요.

↘ **Let's get out of here.**
여기서 나가요.

• Where should I ...? 어디에 ...해야 하나요?

↘ **Where should I put my bag?**
제 가방을 어디에 놔야 하나요?

↘ **Where should I park?**
어디에 주차해야 하나요?

↘ **Where should I meet you?**
우리 어디서 볼까요?

DAY 010 탑승 대기하기

탑승 대기할 때 탑승구 앞에서 자주 나오는 안내방송입니다.

 잘 들어보세요! *What you hear*

There has been a gate change.
탑승하실 탑승구가 변경되었습니다.

Please have your boarding pass and passport ready for boarding.
탑승 시 탑승권과 여권을 준비해주세요.

This is the final boarding call for Korean Air flight KE81 to New York.
뉴욕행 대한항공 여객기 81편에 대한 마지막 탑승 안내 드립니다.

Korean Air is paging Kelly Oh.
대한항공에서는 켈리 오 님을 찾고 있습니다.

Please make your way to gate 12 immediately.
지금 바로 12번 탑승구로 와 주십시오.

● **There has been ....** ...이 있었어요.

↘ **There has been a mistake.**
실수가 있었어요.

↘ **There has been a change of plans.**
계획이 변경되었어요.

↘ **There has been no official confirmation.**
아직까지 아무런 공식적인 확인은 없었습니다.

● **Please have ... ready.** ...을 준비해 주세요.

↘ **Please have your baggage claim checks ready.**
수화물 표를 준비해 주세요.

↘ **Please have your tickets ready at the gate.**
탑승구에서 티켓을 준비해 주세요.

↘ **Please have your documents ready by this weekend.**
이번 주말까지 문서들을 준비해 주세요.

❶ (비행) 목적지가 어디세요?

❷ 창가 쪽 좌석으로 주실 수 있나요?

❸ 부치실 짐 있으신가요?

❹ 시카고에서 경유해요.

❺ 제 짐이 뉴욕까지 바로 가나요?

❻ 가방에서 노트북을 빼야 하나요?

❼ 방문 목적이 무엇인가요?

❽ 휴가 왔어요.

❾ 이번이 미국에 처음이에요.

❿ 렌트 가능한 차 있나요?

⓫ 다 해서 얼마예요?

⓬ 차 반납은 어디에 해야 하나요?

★ 이렇게 말하면 돼요!

❶ Where are you flying today?
❷ Can I have a window seat?
❸ Are you checking any bags?
❹ I have a layover in Chicago.
❺ Will my luggage go straight through to New York?
❻ Do I need to take my laptop out of the bag?
❼ What's the purpose of your visit?
❽ I'm here on vacation.
❾ This is my first time in the States.
❿ Do you have any available cars?
⓫ How much in total?
⓬ Where should I return the car?

기내에서

핵심단어

tray
(비행기 좌석의)음식 받침대

pilot
조종사

cockpit
조종실

flight attendant
승무원

life jacket
구명조끼

emergency exit
비상 탈출구

oxygen mask
산소 마스크

passenger
승객

sick bag
토사물 봉지

overhead compartment
(비행기 좌석 위의)짐칸

trolley
트롤리, 카트

aisle
복도

DAY 011   탑승하기

🎧 잘 들어보세요! *What you hear*

For now, please take your seat.
일단 좌석에 앉아 주세요.

And once the plane takes off, I'll help you with that.
비행기가 이륙하면 도와드리겠습니다.

👄 이렇게 말해보세요! *What you say*

Could you help me put this bag in the overhead compartment?
짐칸에 짐 넣는 것 좀 도와주시겠어요?

Excuse me, would it be okay to take that empty seat by the window?
실례지만 저기 창가 쪽 빈자리에 앉아도 될까요?

Would you mind switching seats with me?
저랑 자리 바꿔주실 수 있으세요?

● **Could you help me ...?** ...하는 것 좀 도와주시겠어요?

↘ **Could you help me put together a resume?**
이력서 정리하는 것 좀 도와주시겠어요?

↘ **Could you help me stretch it out a little?**
스트레칭하는 것 좀 도와주시겠어요?

↘ **Could you help me find Kelly?**
켈리 찾는 것 좀 도와주시겠어요?

● **Would it be okay ...?** ...해도 되나요?
(정중하게 허락 받기)

↘ **Would it be okay if I called you?**
전화해도 되나요?

↘ **Would it be okay if we made a quick stop on the way back home?**
집에 가는 길에 잠시 어디 좀 들렀다 가도 되나요?

↘ **Mom, would it be okay if I went to visit Dad?**
엄마, 저 아빠 보러 가도 돼요?

🎧 잘 들어보세요! *What you hear*

Would you like chicken or pasta?
닭고기로 하실래요 파스타로 하실래요?

We don't have any more of the pasta.
파스타가 다 떨어졌어요.

We only have chicken left.
닭고기밖에 없네요.

👄 이렇게 말해보세요! *What you say*

I'll have the chicken.
닭고기로 할게요.

Could I get a drink?
마실 것 좀 주실 수 있나요?

A regular Coke with no ice, please.
일반 콜라로 얼음 빼고 주세요.

● **have any more of ...** ...가 더 있다

↳ **Do you have any more of that wine?**
그 와인 더 있나요?

↳ **Do you have any more of these bandage rolls?**
이 붕대 더 있나요?

↳ **Do you have any more of these pretzels?**
이 프레첼 더 있나요?

● **I'll have ....** ...로 주세요.

↳ **I'll have the same.**
같은 걸로 주세요.

↳ **I'll have a beer, please.**
맥주 하나 주세요.

↳ **I'll have another one.**
하나 더 주세요.

DAY 013 옆 사람과 대화하기

🎧 잘 들어보세요! *What you hear*

Hi, how are you?
안녕하세요.

What's taking you to New York?
뉴욕엔 어떤 일로 가세요?

Is this your first time in New York?
뉴욕엔 처음이세요?

👄 이렇게 말해보세요! *What you say*

I'm going to meet my friend.
친구 만나려고요.

We're going on a trip through Europe.
같이 유럽 여행하려고요.

Sorry to bother you, I just need to use the restroom.
실례합니다만, 화장실을 가야 해서요. (비켜주시겠어요?)

- **Is this your first time ...?** ...이 처음이세요?

  ↘ **Is this your first time here?**
  여기 처음이세요?

  ↘ **Is this your first time on a plane?**
  비행기는 처음이세요?

  ↘ **Is this your first time on stage?**
  무대는 처음이세요?

- **sorry to bother you** 귀찮게 해서 죄송해요(실례합니다)

  ↘ **Sorry to bother you so early.**
  너무 이른 시간에 실례해요.

  ↘ **I'm sorry to bother you so late.**
  너무 늦게 죄송해요.

  ↘ **Sorry to bother you again. Can I come in?**
  계속 실례하네요. 들어가도 될까요?

DAY 014 승무원에게 요청하기

🎧 잘 들어보세요! *What you hear*

What can I do for you?
어떻게 도와드릴까요?

I'm sorry. We're out of blankets.
죄송해요. 담요가 더 이상 없네요.

💋 이렇게 말해보세요! *What you say*

Can I have a blanket?
담요 하나 주시겠어요?

Could you turn up the heat?
온도 올려 주시겠어요?

Could I get another sick bag?
토사물 봉지 하나 더 주시겠어요?

Could I have some extra napkins?
냅킨 좀 더 주시겠어요?

🎙️⟩⟩ 표현을 활용해보세요! *Expressions*

● **turn up** 소리, 온도 또는 불의 밝기 등을 올리다/키우다

↳ Could you turn up the lights a little, please?
불 밝기 좀 올려 주시겠어요?

↳ Could you turn up the volume, please?
볼륨 좀 높여 주시겠어요?

↳ Could you turn up the radio, please?
라디오 소리 좀 키워주시겠어요?

● **Could (Can) I have some extra ...?**
...를 좀 더 주시겠어요?

↳ Can I have some extra mayo?
마요네즈 좀 더 주시겠어요?

↳ Can I have some extra salt?
소금 좀 더 주시겠어요?

↳ Could I have some extra plates?
접시 좀 더 주시겠어요?

❶ 짐칸에 짐 넣는 것 좀 도와주시겠어요?

❷ 저랑 자리 바꿔주실 수 있으세요?

❸ 파스타가 다 떨어졌어요.

❹ 닭고기로 할게요.

❺ 마실 것 좀 주실 수 있나요?

❻ 일반 콜라로 얼음 빼고 주세요.

❼ 뉴욕엔 어떤 일로 가세요?

❽ 뉴욕엔 처음이세요?

❾ 친구 만나려고요.

❿ 담요 하나 주시겠어요?

⓫ 죄송해요. 담요가 더 이상 없네요.

⓬ 온도 올려주시겠어요?

☆ **이렇게 말하면 돼요!**

❶ Could you help me put this bag in the overhead compartment?
❷ Would you mind switching seats with me?
❸ We don't have any more of the pasta.
❹ I'll have the chicken.
❺ Could I get a drink?
❻ A regular Coke with no ice, please.
❼ What's taking you to New York?
❽ Is this your first time in New York?
❾ I'm going to meet my friend.
❿ Can I have a blanket?
⓫ I'm sorry. We're out of blankets.
⓬ Could you turn up the heat?

숙소에서

핵심단어

receptionist
접수 담당자

double room
2인용 객실

single room
1인용 객실

twin room
싱글 베드가 두 개 있는 방

suite
스위트룸

bellboy
벨보이

key card
카드 열쇠

pillow
베개

mini-bar
미니 바

safety deposit box
금고

check in
체크인

check out
체크아웃

reservation
예약

DAY 015 예약하기 #1

How many people is the booking for?
몇 분 예약이시죠?

What date will you be arriving?
도착 날짜가 어떻게 되시나요?

When will you be leaving?
언제 떠나시나요?

👄 이렇게 말해보세요! *What you say*

It's for three people.
세 명 (예약)이요.

I'd like to book a room, please.
방 하나 예약하고 싶은데요.

I'd need a single / double room.
1인용 객실 / 2인용 객실로 주세요.

● **When will you be ...?** 언제 ...할 거예요?

↘ **When will you be back?**
언제 돌아올 거예요?

↘ **When will you be coming by?**
언제 들를 거예요?

↘ **When will you be moving in?**
언제 이사 올 거예요?

● **I'd like to ....** ...을 하고 싶어요.

↘ **I'd like to invite you to come up on stage now.**
지금 당신을 무대 위로 모시고 싶습니다.

↘ **I'd like to renegotiate terms.**
조건들에 대해 다시 협상하고 싶습니다.

↘ **I'd like to speak English well.**
영어를 잘하고 싶어요.

DAY 016 예약하기 #2

🎧 잘 들어보세요! *What you hear*

Would you prefer a smoking or non-smoking room?
흡연 객실로 드릴까요 아니면 금연 객실로 드릴까요?

With our special weekly rate, that would be a total of $700.
주말 특가로 총 700달러입니다.

Each night will be $55.
1박(하룻밤)에 55달러입니다.

👄 이렇게 말해보세요! *What you say*

How much would that be?
총 얼마가 되나요?

Does that include breakfast?
조식 포함인가요?

I'd prefer a view of the city, please.
시내 쪽을 바라보는 방이 좋겠네요.

- **Would you prefer *A* or *B*?**
  A와 B 중 어느 쪽이 더 좋으세요?

  ↘ **Would you prefer a single or a double room?**
  1인용 객실과 2인용 객실 중 어느 쪽이 좋으세요?

  ↘ **Would you prefer red or white wine?**
  와인은 레드와 화이트 중 어느 쪽을 선호하세요?

  ↘ **Would you prefer coffee or tea?**
  커피가 좋으세요 차가 좋으세요?

- **Does that include ...?** ... 포함이에요?

  ↘ **Does that include tax?**
  세금 포함이에요?

  ↘ **Does that include tips?**
  팁 포함인가요?

  ↘ **Does that include me?**
  저 포함인가요?

🎧 잘 들어보세요! *What you hear*

What name is the reservation under?
예약하신 분 성함이 어떻게 되시죠?

How long will you be staying?
며칠간 계시나요?

Breakfast is served in the lobby between 7 and 10 am.
조식은 로비에서 오전 7시에서 10시까지 드실 수 있습니다.

👄 이렇게 말해보세요! *What you say*

I have a reservation under Kelly Oh.
켈리 오로 예약했는데요.

Is it too early to check in?
체크인하기 너무 이른가요?

Can I get a wake-up call?
모닝콜 부탁 드려도 될까요?

● **How long will you be ...?** 얼마 동안 ...할 건가요?

↘ **How long will you be staying with us?**
우리랑 얼마나 같이 있을 건가요?

↘ **How long will you be staying in this country?**
이 나라에는 얼마 동안 머무르실 건가요?

↘ **How long will you be gone?**
얼마 동안 가 있을 건가요?

● **Is it too *A* to *B*?** B하기엔 너무 A한가요?

↘ **Is it too early to have a drink?**
술 마시기엔 너무 이른 건가요?

↘ **Is it too late to cancel?**
취소하기엔 너무 늦었나요?

↘ **Is it too much to ask?**
너무 무리한 부탁인가요?

DAY 018 　체크아웃하기 #1

🎧 잘 들어보세요! *What you hear*

Are you ready to check out?
체크아웃 준비되셨어요?

What room were you in?
방 번호가 어떻게 되시죠?

How was your stay?
지내시는 데 별 문제는 없으셨어요?

👄 이렇게 말해보세요! *What you say*

We're checking out of room 1404.
1404호 체크아웃하려고요.

Sorry, we're a bit late checking out.
죄송해요, 체크아웃이 조금 늦었네요.

I'm afraid I slept in.
죄송해요, 모르고 자버렸네요.

● **Are you ready to ...?** ...할 준비됐어요?

↘ **Are you ready to go?**
갈 준비됐어요?

↘ **Are you ready to listen?**
들을 준비됐어요?

↘ **Are you ready to apologize?**
사과할 준비됐어요?

● **I'm afraid ....** 미안하지만/유감이지만...

↘ **I'm afraid I can't do that.**
미안하지만 그렇게 할 수 없어요.

↘ **I'm afraid I have some bad news.**
유감이지만 안 좋은 소식을 전달해야 할 것 같네요.

↘ **I'm afraid I can't make it tonight.**
미안하지만 오늘 밤에는 못 갈 것 같아요.

🎧 잘 들어보세요! *What you hear*

Will you be putting this on your card?
카드로 결제하실 건가요?

I'll just need your room keys, please.
방 키만 주시면 돼요.

Enjoy the rest of your holiday.
남은 휴가 즐겁게 보내세요.

👄 이렇게 말해보세요! *What you say*

I'll put that on my credit card.
카드로 결제할게요.

I really enjoyed my stay.
여기 있는 동안 정말 즐거웠어요.

I have a few complaints.
맘에 들지 않은 것들이 조금 있어요.

🎙️ 표현을 활용해보세요! *Expressions*

- **I'll just need your ....** ...만 주시면 돼요.

  ↘ **I'll just need your credit card.**
  신용카드만 주시면 돼요.

  ↘ **I'll just need your signature here.**
  여기에 서명만 해주시면 돼요.

  ↘ **I'll just need your parents' permission.**
  부모님 허락만 있으면 돼요.

- **I really enjoyed ....** ...(가) 정말 좋았어요/즐거웠어요.

  ↘ **I really enjoyed your cupcake.**
  당신이 만들어 준 컵케이크 정말 좋았어요(맛있게 잘 먹었어요).

  ↘ **I really enjoyed the movie tonight.**
  오늘 밤 영화 너무 즐거웠어요.

  ↘ **I really enjoyed meeting you this evening.**
  오늘 저녁에 당신을 만나서 정말 즐거웠어요.

DAY020 룸 써비쓰 요청하기

🎧 잘 들어보세요! *What you hear*

What are your room number and your name?
객실 번호와 성함이 어떻게 되시죠?

May I take your order?
주문하시겠어요?

Your order will be delivered to your room shortly.
주문하신 음식은 곧 객실로 보내드리겠습니다.

Enjoy your meal.
식사 맛있게 하세요.

👄 이렇게 말해보세요! *What you say*

I'd like to order room service.
룸 서비스 부탁드리고 싶은데요.

Please bring an extra plate and a cup.
접시와 컵 하나씩 더 주세요.

I'd like a wake-up call for 8.
8시에 모닝콜 주세요.

● **Enjoy ....** 즐겁게 ...하세요/...을 즐기세요.

↘ **Enjoy the moment.**
순간을 즐기세요.

↘ **Enjoy yourself.**
즐거운 시간 보내세요.

↘ **(Just sit back and) enjoy the ride.**
굿이나 보고 떡이나 먹어요.

● **I'd like to order ....** ...을 주문하고 싶어요.

↘ **I'd like to order a birthday cake.**
생일 케이크를 주문하고 싶은데요.

↘ **I'd like to order some takeout.**
포장 주문을 하고 싶은데요.

↘ **I'd like to order a wake-up call, please.**
모닝콜 부탁드릴게요.

① 몇 분 예약이시죠?

② 언제 떠나시나요?

③ 방 하나 예약하고 싶은데요.

④ 조식 포함인가요?

⑤ 시내 쪽을 바라보는 방이 좋겠네요.

⑥ 며칠간 계시나요?

⑦ 체크인하기 너무 이른가요?

⑧ 체크아웃 준비되셨어요?

⑨ 죄송해요, 체크아웃이 조금 늦었네요.

⑩ 카드로 결제할게요.

⑪ 여기 있는 동안 정말 즐거웠어요.

⑫ 룸 서비스 부탁드리고 싶은데요.

☆ 이렇게 말하면 돼요!

① How many people is the booking for?
② When will you be leaving?
③ I'd like to book a room, please.
④ Does that include breakfast?
⑤ I'd prefer a view of the city, please.
⑥ How long will you be staying?
⑦ Is it too early to check in?
⑧ Are you ready to check out?
⑨ Sorry, we're a bit late checking out.
⑩ I'll put that on my credit card.
⑪ I really enjoyed my stay.
⑫ I'd like to order room service.

대중교통 이용하기

핵심단어

subway
지하철

subway map
지하철 노선도

line
노선

platform
플랫폼

fare
요금

transfer
환승하다

taxi / cab
택시

driver
운전자, 기사

taxi stand
택시 정류장

trunk
(자동차) 트렁크

bus lane
버스 전용도로

bus timetable
버스 시간표

bus stop
버스 정류장

DAY 021 지하철 노선 묻기

🎧 잘 들어보세요! *What you hear*

Get on the 2 or 3 train at Central Park.
센트럴 파크 역에서 2번이나 3번 열차를 타세요.

Get off at the next stop.
다음 정거장에서 내리세요.

Transfer to the 1 train.
1번 열차로 갈아타세요.

👄 이렇게 말해보세요! *What you say*

Excuse me, I'm trying to get to Pennsylvania Station.
실례지만 펜실베니아 역에 가려고 하는데요.

I'm not sure which line to take to Queens.
어느 노선을 타야 퀸즈까지 가는지 잘 모르겠어요.

What's the best way to get there?
어떻게 가는 게 가장 좋을까요?

● **I'm trying to ....** ...하려고 (노력)하고 있어요.

↘ **I'm trying to learn English.**
영어를 배우려고 노력하고 있어요.

↘ **I'm trying to remember.**
기억을 떠올리려고 노력 중이에요.

↘ **I'm trying to do my best.**
최선을 다하려고 노력 중이에요.

● **I'm not sure ....** ...인지 잘 모르겠어요.

↘ **I'm not sure I can do this.**
제가 할 수 있을지 잘 모르겠어요.

↘ **I'm not sure it's true.**
그게 사실인지 잘 모르겠어요.

↘ **I'm not sure I can handle that.**
제가 그걸 처리할 수 있을지 잘 모르겠어요.

🎧 잘 들어보세요! *What you hear*

Stand clear of the closing doors, please.
닫히는 문에서 물러서 주세요.

Do not lean against the doors.
문에 기대지 마세요.

As you exit, please be careful of the gap between the platform and the train.
내리실 때, 승강장과 열차 사이 간격이 있으니 조심하세요.

A Manhattan-bound train is arriving.
맨해튼 행 열차가 들어오고 있습니다.

This is the last stop on this train.
이번 역은 종점입니다.

Transfer is available to the 2 & 3 trains.
2번과 3번 열차로 환승 가능합니다.

Beware of pickpockets.
소매치기 조심하세요.

● **stand clear (of) ...** (...에서) 물러서다

↘ Please, stand clear.
물러서 주세요.

↘ Stand clear of the fence area.
펜스에서 물러서 주세요.

↘ I suggest you stand clear.
여기서 물러서 있는 게 좋을 거예요.

● **Beware of ....** ...을 조심하세요.

↘ Beware of the dog next door.
옆집 개를 조심하세요.

↘ Beware of strangers.
낯선 사람을 조심하세요.

↘ Beware of scams.
신용 사기를 조심하세요.

🎧 잘 들어보세요! *What you hear*

Are you in a hurry?
급하세요?

Where are you heading?
어디로 모실까요?

Do you want a flat fee?
고정 요금이 편하세요?

👄 이렇게 말해보세요! *What you say*

Do you use a meter?
미터기로 가시나요?

To JFK airport, please.
JFK 공항으로 가주세요.

How much will that cost?
(요금이) 얼마나 나올까요?

Would you mind making a quick stop on the way?
가는 길에 잠시 어디 좀 들러도 될까요?

🎙️)) 표현을 활용해보세요! *Expressions*

● in a hurry 급한

↘ I'm really in a hurry.
정말 급한데요.

↘ He left in a hurry.
그는 급하게 갔어요.

↘ Don't do anything in a hurry.
무엇이든 서두르지 마세요.

● make a quick stop 잠시 들르다

↘ I want to make a quick stop at the drug store.
(가는 길에) 잠시 약국에 들르고 싶은데요.

↘ I made a quick stop on my way to work to buy coffee.
출근하는 길에 커피 사려고 잠시 들렀어요.

↘ Could you make a quick stop on the way?
가는 길에 잠시 어디 좀 들를 수 있을까요?

DAY 024 택시 타기 #2

🎧 잘 들어보세요! *What you hear*

It's rush hour now so it might take about an hour and a half.

막히는 시간이라 한 시간 반 정도 걸릴 거예요.

That's ten fifty.

10달러 50센트예요.

Do you need a receipt?

영수증 필요하세요?

👄 이렇게 말해보세요! *What you say*

Can we drive past the Empire State Building on the way?

가는 길에 엠파이어 스테이트 빌딩을 지나서 갈 수 있을까요?

Can you open the window?

창문 좀 열어 주시겠어요?

You can just drop me off here.

여기서 그냥 내려 주시면 돼요.

● **drive past ...** (운전할 때) ...을 지나서 가다

↳ I was driving past the park.
공원을 지나가고 있었어요.

↳ I drove past the coffee shop on the way to your office.
당신 사무실로 가는 길에 그 커피숍을 지나갔어요.

↳ I thought you were gonna drive past me like you did the other day.
전 당신이 일전에 그랬던 것처럼 그냥 지나쳐 갈 줄 알았어요.

● **drop ... off ~** ...을 ~에 내려주다/데려다주다

↳ Drop me off at the park.
공원에서 내려주세요.

↳ Could you drop me off at school?
학교에 데려다주시겠어요?

↳ I'm dropping you off.
제가 모셔다드릴게요.

DAY 025　버스 타기

🎧 잘 들어보세요! *What you hear*

Would you like a single or a return?
(표를) 편도로 드릴까요 왕복으로 드릴까요?

You must have the exact change.
요금을 딱 맞게 내셔야 돼요.

You're on the wrong bus.
버스 잘못 타셨어요.

👄 이렇게 말해보세요! *What you say*

Excuse me, I'm looking for the bus timetable.
실례지만 버스 시간표를 찾고 있는데요.

Can I buy a ticket on the bus?
버스 안에서 승차권을 구매할 수 있나요?

Which is the bus for Manhattan?
맨해튼으로 가는 버스는 몇 번인가요?

- **You're on the wrong ....** ...에 잘못 가/와 있으세요.

   ↘ **You're on the wrong floor.**
   다른 층에 잘못 가셨어요. (거기 아니에요.)

   ↘ **You're on the wrong side of the road.**
   당신 지금 반대 차선에 있어요.

   ↘ **You're on the wrong mailing list.**
   다른 수신자 목록에 잘못 가있네요.

- **(Excuse me), I'm looking for ....**
   (실례지만) ...을 찾고 있어요.

   ↘ **Excuse me, I'm looking for a hotel called the State.**
   실례지만 스테이트(라는 이름의) 호텔을 찾고 있는데요.

   ↘ **Excuse me, I'm looking for my friend, Kelly.**
   실례지만 제 친구 켈리를 찾고 있는데요.

   ↘ **I'm looking for a way out.**
   여기서 나갈 방법을 찾고 있어요.

복습하기 REVIEW

1 1번 열차로 갈아타세요.

2 어떻게 가는 게 가장 좋을까요?

3 닫히는 문에서 물러서 주세요.

4 소매치기 조심하세요.

5 급하세요?

6 어디로 모실까요?

7 미터기로 가시나요?

8 가는 길에 잠시 어디 좀 들러도 될까요?

9 여기서 그냥 내려 주시면 돼요.

10 요금을 딱 맞게 내셔야 돼요.

11 버스 잘못 타셨어요.

12 맨해튼으로 가는 버스는 몇 번인가요?

☆ 이렇게 말하면 돼요!

1 Transfer to the 1 train.
2 What's the best way to get there?
3 Stand clear of the closing doors, please.
4 Beware of pickpockets.
5 Are you in a hurry?
6 Where are you heading?
7 Do you use a meter?
8 Would you mind making a quick stop on the way?
9 You can just drop me off here.
10 You must have the exact change.
11 You're on the wrong bus.
12 Which is the bus for Manhattan?

길 물어보기

go straight ahead
직진하다

go straight on
(~로)직진하다

go up the street
길을 올라가다

go down the street
길을 내려가다

go past
지나서 가다

go through
통과해서 가다

go over
건너가다, 넘어가다

go along
~을 따라서 가다

cross the road
길을 건너다

turn left
좌회전하다

turn right
우회전하다

take the first right
첫 번째 골목에서 우회전하다

take the second left
두 번째 골목에서 좌회전하다

roundabout
로터리

take the first exit
첫 번째 출구로 나가다

opposite
맞은편에

near
근처에

next to
옆에

between
사이에

at the end of
끝에서

in the middle of
중간에

on the corner of
모퉁이에

behind
뒤에

in front of
앞에

traffic light
신호등

sidewalk
보도

crossroad
교차로

DAY 026 행인에게 말 걸기

길에서 다짜고짜 물어보면 부담스러울 수 있어요. 정중하게 예의를 갖추고 다음과 같이 먼저 말해보세요.

이렇게 말해보세요! *What you say*

Excuse me. I'm (kind of) lost.
실례합니다. 제가 길을 좀 잃은 것 같아서요.

Sorry to bother you, but I got a little lost.
실례지만, 제가 길을 좀 헤매고 있어서요.

Excuse me, may I ask for some help?
실례지만, 좀 도와주실 수 있나요?

I'm struggling to find my way around this map.
이 지도에서 길 찾는데 애 좀 먹고 있어요.

May I ask you a question? This is my first time in New York.
뭐 좀 여쭤볼 수 있을까요? 제가 뉴욕엔 처음이거든요.

● **I'm struggling to ....** ...하려고 엄청 애쓰고 있어요.

↘ **I'm struggling to get a job.**
취업하려고 엄청 애쓰고 있어요.

↘ **I'm struggling to remain positive here.**
긍정적으로 계속 생각하려고 엄청 애쓰고 있어요.

↘ **I'm struggling to understand.**
이해하려고 엄청 애쓰고 있어요.

● **May I ask ...?** ...를 좀 묻고 싶은데요. (정중한 표현)

↘ **May I ask you something?**
뭐 좀 물어봐도 될까요?

↘ **May I ask why?**
이유를 물어봐도 될까요?

↘ **May I ask where you've been?**
어디에 있었는지 물어봐도 될까요?

DAY 027 위치 물어보기 #1

정중하게 말을 걸었다면, 이번에는 구체적으로 가고자 하는 곳의 위치를 다음과 같이 물어보세요.

👄 이렇게 말해보세요! *What you say*

Where exactly am I?
여기 위치가 정확히 어딘가요?

Do you know where the Louvre is?
루브르 박물관은 어디에 있나요?

Which way to Madison Square Garden?
매디슨 스퀘어 가든 가려면 어느 쪽으로 가야 하나요?

Could you tell me how to get to this hotel from here?
여기서 이 호텔까지 어떻게 가는지 알려주실 수 있나요?

Where's the nearest ATM?
제일 가까운 현금인출기는 어디에 있나요?

- **Do you know where ... is?** ...가 어디에 있는지 아세요?

  ↘ **Do you know where the restroom is?**
  화장실이 어디에 있는지 아세요?

  ↘ **Do you know where Kelly is?**
  켈리가 어디에 있는지 아세요?

  ↘ **Do you know where the lounge bar is?**
  라운지 바가 어디에 있는지 아세요?

- **Could you (please) tell me ...?**
  ...에 대해 알려주시겠어요?

  ↘ **Could you tell me how to get there?**
  거기 어떻게 가는지 알려주시겠어요?

  ↘ **Could you tell me what it's about?**
  무엇에 관한 건지 알려주시겠어요?

  ↘ **Could you tell me what's going on?**
  무슨 일인지 알려주시겠어요?

💋 이렇게 말해보세요! What you say

Could you help me find Sears Tower?
시어스 타워를 찾고 있는데 도와주실 수 있나요?

Would you mind showing me the way to this address?
이 주소로 가는 길 좀 알려주시겠어요?

I'm trying to get to the Carter Hotel. (Could you tell me where it is?)
카터 호텔을 가려고 하는데요. (어디에 있는지 알려주실 수 있나요?)

I'd like to go to the Empire State Building. (Do you know where it is?)
엠파이어 스테이트 빌딩을 가고 싶은데요. (어디에 있는지 아시나요?)

How do I find 5th Avenue?
5번가는 어디인가요?

How do I get to this hotel?
이 호텔까지 어떻게 가나요?

- **Could you help me find ...?**
  ...을 찾는 것 좀 도와주실 수 있나요?

  ↘ **Could you help me find the nearest restaurant from here?**
  여기서 가장 가까운 식당 찾는 것 좀 도와주실 수 있나요?

  ↘ **Could you help me find a photo?**
  사진 찾는 것 좀 도와주실 수 있나요?

- **Would you mind showing ...?**
  ...을 보여 주시겠어요 / 알려 주시겠어요?

  ↘ **Would you mind showing him where his locker is?**
  그에게 그의 사물함이 어디 있는지 알려주시겠어요?

  ↘ **Would you mind showing me the way?**
  제게 길 좀 알려주시겠어요?

이번에는 내가 물어본 질문에 대한 상대방의 답에 귀 기울여 보세요.

 잘 들어보세요! *What you hear*

I'm sorry. I'm new around here, too.
죄송해요. 저도 이곳은 처음이에요.

Sorry, I'm not from around here.
죄송하지만, 여기 사는 사람이 아니라서요(잘 모르겠네요).

I'm afraid I can't help you.
죄송하지만 도와드릴 수가 없네요.

You could ask the bus driver.
버스 기사님께 물어보시면 돼요.

Follow me, I'll show you the way.
저를 따라오세요, 길을 알려 드릴게요.

Do you want me to draw you a map?
약도를 그려드릴까요?

● **You could ask ....** ...에게 물어보시면 돼요.

↘ **You could ask the front desk clerk.**
안내 데스크 직원에게 물어보시면 돼요.

↘ **You could ask me anything you want.**
제게 궁금한 거 다 물어보시면 돼요.

↘ **You could ask me any questions.**
제게 무엇이든 물어보셔도 돼요.

● **I'll show you ....** ...를 알려드릴게요/보여드릴게요.

↘ **I'll show you how to get to the station.**
역까지 가는 방법을 알려드릴게요.

↘ **I'll show you how to get there by subway.**
거기에 지하철로 가는 방법을 알려드릴게요.

↘ **I'll show you where the coffee shop is.**
커피숍이 어디 있는지 알려드릴게요.

DAY030 위치 물어보기 #4

Go down the street.
이 길을 따라서 가세요.

Two blocks down, right-hand side.
두 블록 지나면 오른편에 있어요.

Go past the post office and you'll find the library.
우체국을 지나면 도서관이 보일 거예요.

Keep going straight ahead, you'll see it on your left.
계속 직진하다 보면 왼쪽에 있을 거예요.

Take the first left / right.
첫 번째 골목에서 좌회전 / 우회전하세요.

If you cross the street, you'll find the museum there.
길 건너면 박물관이 보일 거예요.

Go as far as the roundabout.
로터리까지 가세요.

● **go / walk past ...** ...을 지나서 가다

↘ I was just walking past your place.
전 방금 당신 집을 지나왔어요.

↘ We're gonna go past waterfalls.
우린 폭포를 지나서 갈 거예요.

↘ Tell me your names as I go past.
제가 지나갈 때 여러분들의 이름을 말해주세요.

● **keep -ing** 계속 ...하다

↘ Keep going straight for two stoplights.
신호등 두 개 지날 때까지 계속 가세요.

↘ Okay, let's keep talking.
좋아요, 계속 같이 얘기해 봐요.

↘ Keep breathing.
계속 심호흡하세요.

It's next to that building.
저 건물 옆에 있어요.

It's across from this hotel.
이 호텔 맞은편에 있어요.

It's on the corner of 25th Avenue and Kensington Street.
25번가와 켄싱턴로가 만나는 모퉁이에 있어요.

It's behind the hospital.
병원 뒤에 있어요.

It's in front of the bus stop.
버스 정류장 앞에 있어요.

It's between the coffee shop and the post office.
커피숍과 우체국 사이에 있어요.

It'll be on your left / right.
당신의 왼쪽/오른쪽에 있을 거예요.

🎙️ 표현을 활용해보세요! *Expressions*

- ● **next to ...** ...옆에

  ↳ The bank is next to the library, behind the bus stop. 그 은행은 도서관 옆, 버스 정류장 뒤에 있어요.

  ↳ The bar is next to the drug store, in front of the movie theater. 그 술집은 약국 옆, 극장 앞에 있어요.

- ● **across from ...** ... 맞은편에

  ↳ The hotel is on 5th Avenue, across from the coffee shop. 그 호텔은 커피숍 맞은편 5번가에 있어요.

  ↳ There's a school just across from our house. 우리 집 맞은편에 학교가 있어요.

- ● **between *A* and *B*** A와 B 사이에

  ↳ The movie theater is between the bookstore and the hotel. 그 영화관은 서점과 호텔 사이에 있어요.

DAY 032 거리·소요 시간 물어보기

🎧 잘 들어보세요! What you hear

It's pretty far from here. You'd better take the bus.

여기서 꽤 멀어요. 버스를 타는 게 좋을 거예요.

It's about a ten-minute walk from here.

여기서 걸으면 10분 정도 거리예요.

It'll take you five minutes to walk there.

거기까지 걸어가는 데 5분 걸릴 거예요.

👄 이렇게 말해보세요! What you say

Is it far from here?

여기서 먼가요?

How far is it to the airport from here?

여기서 공항까지 얼마나 먼가요?

How long will it take to get there?

거기까지 가는 데 얼마나 걸리나요?

🎤)) 표현을 활용해보세요! *Expressions*

● **It's about ....** 대략 ... 걸려요.

↘ **It's about a 15-minute subway ride.**
지하철로 15분 정도 걸려요.

↘ **It's about a 6-hour flight.**
비행기로 6시간 정도 걸려요.

● **How far is it to ...?** ...까지 얼마나 먼가요?

↘ **How far is it to the park by car?**
공원까지 차로 가면 얼마나 먼가요?

↘ **How far is it to the shopping mall by subway?**
쇼핑몰까지 지하철로 가면 얼마나 먼가요?

● **How long will it take to get (to) ...?**
...(까지) 가는 데 얼마나 걸릴까요?

↘ **How long will it take to get to this address?**
이 주소까지 가는 데 얼마나 걸릴까요?

↘ **How long will it take to get to the nearest restaurant?**
가장 가까운 식당까지 가는 데 얼마나 걸릴까요?

잘 들어보세요! *What you hear*

It's a big hill.
언덕이 높아요.

It's a very busy road.
도로가 매우 혼잡해요.

There's no parking.
주차장이 없어요.

It's very difficult to park downtown.
시내에는 주차하기 힘들어요.

There might be construction.
공사 중일 거예요.

Go slow, there are many schools on the way.
천천히 가세요, 가는 길에 학교가 많이 있어요.

Stay in the right lane.
오른쪽 차선으로 가세요.

● **It's difficult to ....** ...하기 어려워요.

↳ **It's difficult to explain.**
설명하기 어려워요.

↳ **It's difficult to get there in time.**
시간 안에 가기 어려워요.

↳ **It's difficult to accept this.**
이걸 받아들이기가 어려워요.

● **There might be ....** ...이 있을 거예요.

↳ **There might be another way.**
다른 방법이 있을 거예요.

↳ **There might be a problem.**
문제가 있을 거예요.

↳ **There might be something I can do.**
뭔가 제가 할 수 있는 게 있을 거예요.

박물관 가기

핵심단어

admission ticket
입장권

museum guide
박물관 가이드

museum shop
박물관 기념품 매장

museum booklet
박물관 소책자

work of art
미술품, 예술품

painting
그림

replica
복제품, 모형

artifact
(역사적으로 의미가 있는) 유물

diorama
모형

display cabinet
전시 케이스, 진열장

visitor
방문객

gallery
전시관

DAY 034 입장권 구매하기

🎧 잘 들어보세요! *What you hear*

Last admission is one hour before closing time.
끝나기 한 시간 전까지 입장 가능합니다.

Please check the floor plan at every entrance.
모든 입구마다 있는 배치도를 확인하세요.

You'll have to leave your backpack in the luggage storage.
가방은 물품 보관소에 맡기셔야 될 거예요.

👄 이렇게 말해보세요! *What you say*

When's the museum open?
몇 시 개장이에요?

I'd like to join the guided tours.
가이드 투어를 하고 싶은데요.

Two tickets, please.
입장권 두 장 주세요.

● **Please check ....** ...을 확인해주세요.

↳ **Please check your messages.**
메시지를 확인해주세요.

↳ **Please check the board for flight details.**
게시판에서 항공편 세부 사항을 확인해주세요.

↳ **Please check the number and dial again.**
번호를 확인하시고 다시 전화해주세요.

● **You'll have to ....** ...해야 할 거예요.

↳ **You'll have to wait.**
기다리셔야 할 거예요.

↳ **You'll have to decide.**
결정해야 할 거예요.

↳ **You'll have to forgive me.**
당신은 저를 용서해야 할 거예요.

DAY 035 안내 직원에게 물어보기

🎧 잘 들어보세요! *What you hear*

Here are the leaflets.
여기 안내 책자 드릴게요.

You are not allowed to bring the camera in.
카메라는 들고 들어가실 수 없어요.

👄 이렇게 말해보세요! *What you say*

Do you have the booklet guide to the museum?
박물관 안내 책자 있어요?

What floor are the paintings on?
그림 보려면 몇 층으로 가야 되죠?

Where are the works of art by Picasso, please?
피카소 작품은 어디서 볼 수 있나요?

Are we allowed to take pictures here?
여기서 사진 찍어도 되나요?

● **Here are / is ....** ...이에요.
(상대방에게 무언가를 주거나 보여 줄 때)

↳ **Here are your room keys.**
룸 키 드릴게요.

↳ **Here are your assignments.**
여러분들이 해야 할 일들이에요.

↳ **Here are your messages.**
당신에게 온 메시지들이에요.

● **Are we allowed to ...?** ...해도 되나요?

↳ **Are we allowed to do that?**
그렇게 해도 되나요?

↳ **Are we allowed to park here?**
여기 주차해도 되나요?

↳ **Are we allowed to bring in food?**
음식 가지고 들어가도 되나요?

복습하기 REVIEW

❶ 실례지만, 제가 길을 좀 헤매고 있어서요.

❷ 여기 위치가 정확히 어딘가요?

❸ 여기서 이 호텔까지 어떻게 가는지 알려주실 수 있나요?

❹ 이 주소로 가는 길 좀 알려주시겠어요?

❺ 이 호텔까지 어떻게 가나요?

❻ 죄송하지만, 여기 사는 사람이 아니라서요(잘 모르겠네요).

❼ 죄송하지만, 도와드릴 수가 없네요.

❽ 계속 직진하다 보면 왼쪽에 있을 거예요.

❾ 커피숍과 우체국 사이에 있어요.

❿ 여기서 걸으면 10분 정도 거리예요.

⓫ 여기서 공항까지 얼마나 먼가요?

⓬ 여기서 사진 찍어도 되나요?

☆ 이렇게 말하면 돼요!

❶ Sorry to bother you, but I got a little lost.

❷ Where exactly am I?

❸ Could you tell me how to get to this hotel from here?

❹ Would you mind showing me the way to this address?

❺ How do I get to this hotel?

❻ Sorry, I'm not from around here.

❼ I'm afraid I can't help you.

❽ Keep going straight ahead, you'll see it on your left.

❾ It's between the coffee shop and the post office.

❿ It's about a ten-minute walk from here.

⓫ How far is it to the airport from here?

⓬ Are we allowed to take pictures here?

CHAPTER 2
쇼핑하기

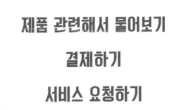

제품 관련해서 물어보기

결제하기

서비스 요청하기

제품 관련해서 물어보기

핵심단어

men's clothing
남성복

women's clothing
여성복

children's clothing
아동복

store directory
층별 안내도

housewares
주방용품

escalator
에스컬레이터

elevator
엘리베이터

slacks
바지

running shoes
러닝화

sneakers
스니커즈

loafers
로퍼, 단화

dress
원피스

skirt
치마

turtleneck
목폴라

belt
허리띠

perfume
향수

color
색상

size
사이즈

small
스몰(작은 사이즈)

medium
미디엄(중간 사이즈)

large
라지(큰 사이즈)

extra large
엑스라지(아주 큰 사이즈)

fitting room
피팅룸, 탈의실

try on
입어보다, 신어보다

put on
입다, 쓰다, 끼다, 걸치다

take off
벗다

fit
맞다

suit
어울리다

go well with
~와 잘 어울리다

look good
잘 어울리다(보기에 좋다)

🎧 잘 들어보세요! *What you hear*

Can I help you?
도와드릴까요?

Are you being helped?
도움 받고 계시나요?

Are you looking for something in particular?
특별히 찾으시는 게 있나요?

👄 이렇게 말해보세요! *What you say*

I'm just browsing.
그냥 둘러보는 거예요.

Do you have sneakers?
스니커즈 운동화 있나요?

I'm looking for a handbag.
핸드백을 찾고 있어요.

● **Are you being ...?** ...인 거예요?
(상대방의 현재 상태를 물어볼 때)

↘ **Are you being serious?**
진지한 거예요?

↘ **Are you being sarcastic?**
비꼬는 거예요?

↘ **Are you being bullied?**
괴롭힘 당하고 있는 거예요?

● **I'm looking for ....** ...을 찾고 있어요.

↘ **I'm looking for sunglasses.**
선글라스를 찾고 있어요.

↘ **I'm looking for some nice slacks.**
괜찮은 바지를 찾고 있어요.

↘ **I'm looking for running shoes.**
러닝화를 찾고 있어요.

DAY 037 둘러보기 #2

🎧 잘 들어보세요! *What you hear*

Is someone looking after you?
도움 받고 계세요?

Is there anything I can help you with?
제가 도와드릴 게 있을까요?

👄 이렇게 말해보세요! *What you say*

Do you carry this perfume?
이 향수 있나요?

I'd like to buy loafers.
로퍼를 사고 싶은데요.

Where can I find men's clothing?
남성복은 어느 쪽인가요?

Could you tell me where I can find some slacks?
바지는 어느 쪽에 있는지 알려주시겠어요?

- **Is there anything I can ...?**
  제가 ...할 수 있는 게 있을까요?(도움을 주고 싶을 때)

  ↘ **Is there anything I can do?**
  제가 할 수 있는 게 있을까요?

  ↘ **Is there anything I can get you?**
  뭐 좀 갖다 드릴까요?

  ↘ **Is there anything I can do to make things better?**
  상황이 더 나아지게 하는 데 제가 할 수 있는 게 있을까요?

- **Do you carry ...?** ...있나요?

  ↘ **Do you carry sneakers?**
  스니커즈 운동화 있나요?

  ↘ **Do you carry this product?**
  이 제품 있나요?

  ↘ **Do you carry this T-shirt?**
  이 티셔츠 있나요?

DAY 038 사이즈·색상·소재 관련 물어보기

 잘 들어보세요! *What you hear*

Do you need any help?
도와드릴까요?

What size do you need?
사이즈가 어떻게 되세요?

이렇게 말해보세요! *What you say*

Do you have this in black?
이거 검은색으로 있나요?

Do you have the same one for kids?
아이들용으로 같은 게 있나요?

I want this in a 4.
이거 4 사이즈로 주세요.

I'm a small/medium/large.
전 스몰/미디엄/라지 사이즈가 맞아요.

🎙️)) **표현을 활용해보세요!** *Expressions*

● **What size ...?** 사이즈가/는 어떻게...?(사이즈를 물어볼 때)

↘ **What size do you take?**
사이즈가 어떻게 되세요?

↘ **What size do you want?**
사이즈는 어떻게 드릴까요?

↘ **What size are you?**
사이즈가 어떻게 되세요?

● **Do you have this in ...?** 이거 ...(으)로 있나요?
(어떤 제품에 대해 특정 색상, 사이즈, 소재 등이 있는지 묻고 싶을 때)

↘ **Do you have this in different types of leather?**
이거 다른 가죽 소재로 있나요?

↘ **Do you have this in a medium?**
이거 미디엄 사이즈로 있나요?

↘ **Do you have this in a 6?**
이거 6 사이즈로 있나요?

🎧 잘 들어보세요! *What you hear*

Would you like to try that on?
저거 한번 입어 보시겠어요?

Why don't you try this?
이거 한번 입어 보시는 게 어때요?(입어 보세요.)

The fitting rooms are just over there.
피팅룸은 바로 저기에 있어요.

👄 이렇게 말해보세요! *What you say*

Can I try this on?
이거 한번 착용해 볼 수 있을까요?

I'd like to try this on, please.
이거 한번 착용해 보고 싶어요.

Where is the fitting room?
피팅룸은 어디에 있나요?

● **try ... on** ...을 입어 보다/신어 보다

↘ **Try this on for size.**
이거 사이즈 맞는지 입어 보세요.

↘ **Can I try these on?**
이거 신어 봐도 될까요?

↘ **I'm just trying that on.**
그냥 입어 보는 거예요.

● **Why don't you ...?** ...하는 게 어때요?
(상대방에게 제안할 때)

↘ **Why don't you ask him?**
그에게 물어 보는 게 어때요?(물어 보세요.)

↘ **Why don't you tell me?**
저한테 얘기해 보시는 게 어때요?(얘기해 보세요.)

↘ **Why don't you join us?**
우리와 함께 하시는 게 어때요?(함께 하세요.)

DAY 040 입어 보기 #2

🎧 잘 들어보세요! *What you hear*

How does it fit?
잘 맞나요?

Do they suit you?
당신에게 어울리나요?

It looks good (on you).
(당신한테) 잘 어울려요.

👄 이렇게 말해보세요! *What you say*

It fits me. / It doesn't fit me.
저한테 (사이즈가) 잘 맞네요 / 잘 안 맞네요.

It doesn't go well with my pants.
제 바지랑 잘 안 어울리네요.

Do you have this in a smaller / larger size?
이거 더 작은 / 큰 사이즈로 있나요?

🎙️)) 표현을 활용해보세요! *Expressions*

● It looks ....하게 보여요.

↳ It looks great.
너무 좋아 보여요.

↳ It looks awesome.
엄청 멋져 보여요.

↳ It looks beautiful.
아름다워 보여요.

● go well with ... ...와 잘 어울리다

↳ The sweater goes well with your pants.
그 스웨터 당신 바지랑 잘 어울려요.

↳ The handbag goes well with your dress.
그 가방 당신 원피스랑 잘 어울려요.

↳ The shoes go well with your coat.
그 신발 당신 코트랑 잘 어울려요.

복습하기 REVIEW

❶ 도움 받고 계시나요?

❷ 그냥 둘러보는 거예요.

❸ 핸드백을 찾고 있어요.

❹ 이 향수 있나요?

❺ 이거 검은색으로 있나요?

❻ 이거 4 사이즈로 주세요.

❼ 전 미디엄 사이즈가 맞아요.

❽ 이거 한번 착용해 볼 수 있을까요?

❾ 피팅룸은 어디에 있나요?

❿ 당신한테 잘 어울려요.

⓫ 저한테 (사이즈가) 잘 안 맞네요.

⓬ 이거 더 큰 사이즈로 있나요?

☆ 이렇게 말하면 돼요!

❶ Are you being helped?
❷ I'm just browsing.
❸ I'm looking for a handbag.
❹ Do you carry this perfume?
❺ Do you have this in black?
❻ I want this in a 4.

❼ I'm a medium.
❽ Can I try this on?
❾ Where is the fitting room?
❿ It looks good on you.
⓫ It doesn't fit me.
⓬ Do you have this in a larger size?

결제하기

bargain
싸게 사는 물건

good deal
좋은 거래

it's a steal
완전 거저네(거저 얻는 거나 마찬가지다)

reasonable
합리적인

pricey
비싼

steep
너무 비싼

rip-off
바가지

on sale
할인 중인

for sale
판매용인

discount
할인

student discount
학생 할인

cash discount
현금 할인

fixed price
정가

discounted price
할인 가격

sales tax
판매세

tax refund
세금 환급

check out
계산하다

check-out counter
계산대

cashier
출납원

ring up
계산하다

total
합계

pay
지불하다

cash
현금

credit card
신용카드

debit card
체크카드

US dollar
미국 달러

traveler's check
여행자 수표

DAY 041 가격 물어보기

It's twenty-nine dollars and ninety-nine cents.
29달러 99센트입니다.

It's buy one, get one free.
원 플러스 원입니다.(한 개를 사면 한 개를 공짜로 드립니다.)

There's a two-for-one deal on these products.
이 제품들에 대해서는 한 개 가격으로 두 개를 살 수 있어요.

How much is this / that?
이거/저거 얼마예요?

How much does it cost?
얼마가 드나요?

Is this the original price or the sale price?
이게 원래 가격인가요 할인 가격인가요?

● **How much is ...?** ...은 얼마예요?

↘ **How much is the bag?**
그 가방은 얼마예요?

↘ **How much is this dress?**
이 원피스는 얼마예요?

↘ **How much is this camera?**
이 카메라는 얼마예요?

● **How much does it cost ...?**
...은 (비용이) 얼마나 드나요?

↘ **How much does it cost to rent this car?**
이 차를 빌리려면 얼마나 드나요?

↘ **How much does it cost to build a house?**
집을 짓는 데 얼마나 드나요?

↘ **How much does it cost for the surgery?**
그 수술은 비용이 얼마나 드나요?

DAY 042 가격 흥정하기 #1

 잘 들어보세요! *What you hear*

We can't give you a discount. That's already the markdown price.

더 싸게 드릴 수는 없어요. 이미 할인된 가격이라서요.

The pants are 20% off (of the original price).

그 바지들은 (원래 가격에서) 20퍼센트 할인된 거예요.

They're on sale.

할인 중이에요.

 이렇게 말해보세요! *What you say*

Can you give me a discount?

가격 좀 깎아 주실 수 있나요?

Do you have anything cheaper?

더 저렴한 거 있나요?

How about two for twenty (dollars)?

두 개에 20달러는 어때요?

● **They're on ....** 그들은 ...중이에요. (be동사 + on)

↘ **They're on the way.**
그들은 오는 중이에요.

↘ **They're on a diet.**
그들은 다이어트 중이에요.

↘ **They're on a business trip.**
그들은 출장 중이에요.

● **Do you have anything ...?** ...인 거 있나요?

↘ **Do you have anything smaller?**
더 작은 거 있나요?

↘ **Do you have anything stronger?**
더 강한 거 있나요?

↘ **Do you have anything less fancy?**
덜 화려한 거 있나요?

💋 이렇게 말해보세요! *What you say*

That's too pricey.
너무 비싸요.

I got ripped off.
저 바가지 썼어요.

I can't afford it. / I can't afford to buy it.
저한텐 무리네요.(비싸서 살 수가 없네요.)

That's pretty reasonable.
가격이 꽤 합리적이네요.

I got a good deal.
싸게 샀어요.

It's a real bargain.
정말 싸네요.

It's a steal.
완전 거저네요.

- **That's too ....** 너무 ...해요.

  ↘ **That's too expensive.**
  너무 비싸요.

  ↘ **That's too much.**
  너무해요.

  ↘ **That's too steep.**
  너무 비싸요.

- **I can't afford to ....** ...할 여유가 없어요.

  ↘ **I can't afford to pay for that.**
  그걸 낼 여유가 없어요.

  ↘ **I can't afford to pay that much.**
  그렇게 많이 낼 여유가 없어요.

  ↘ **I can't afford to pay the rent.**
  월세를 낼 여유가 없어요.

🎧 잘 들어보세요! *What you hear*

Are you ready to check out?
계산하시겠어요?

I can ring you up over there.
저쪽에서 계산 도와드릴게요.

Did you find everything okay?
쇼핑하는 데 문제 없으셨나요?

👄 이렇게 말해보세요! *What you say*

I'll take this. Could I have the check, please?
이걸로 할게요. 계산해 주시겠어요?

Where do I check out?
어디서 계산하나요?

That's all / it.
그게 다예요.

● **Are you ready to ...?** ...할 준비됐나요?

↘ **Are you ready to go?**
갈 준비됐나요?

↘ **Are you ready to order?**
주문 준비되셨어요? (주문하시겠어요?)

↘ **Are you ready to party hard?**
빡세게 놀 준비됐나요?

● **Did you find everything okay?**
쇼핑 잘 하셨어요?(별 문제 없으셨나요?)

아래 세 가지 표현 모두 "쇼핑하는 데 별 문제는 없으셨죠?"
라는 같은 의미를 가지고 있어요.

↘ **Did you find everything all right?**

↘ **Did you find everything you needed?**

↘ **Did you find everything you were looking for?**

🎧 잘 들어보세요! *What you hear*

Your total comes to nineteen ninety-nine.
다 해서 19달러 99센트예요.

How would you like to pay?
지불은 어떻게 하시겠어요?

Would you like your receipt?
영수증 필요하세요?

👄 이렇게 말해보세요! *What you say*

How much is this with tax?
세금 포함해서 얼마인가요?

Do you take credit cards?
신용카드도 받으세요?

I'll pay with cash.
현금으로 지불할게요.

● **How would you like to ...?** 어떻게 ...하고 싶으세요?

↘ **How would you like to spend Christmas?**
크리스마스는 어떻게 보내고 싶으세요?

↘ **How would you like to get this?**
어떻게 수령하고 싶으세요?

↘ **How would you like to change it?**
어떻게 바꾸고 싶으세요?

● **I'll pay with ....** ...로 지불할게요.

↘ **I'll pay with a credit card.**
카드로 지불할게요.

↘ **I'll pay with US dollars.**
미국 달러로 지불할게요.

↘ **I'll pay with a traveler's check.**
여행자 수표로 지불할게요.

❶ 원 플러스 원입니다.

❷ 이거 얼마예요?

❸ 이게 원래 가격인가요 할인 가격인가요?

❹ 가격 좀 깎아 주실 수 있나요?

❺ 더 저렴한 거 있나요?

❻ 너무 비싸요.

❼ 저 바가지 썼어요.

❽ 싸게 샀어요.

❾ 이걸로 할게요. 계산해 주시겠어요?

❿ 어디서 계산하나요?

⓫ 세금 포함해서 얼마인가요?

⓬ 현금으로 지불할게요.

☆ 이렇게 말하면 돼요!

❶ It's buy one, get one free.
❷ How much is this?
❸ Is this the original price or the sale price?
❹ Can you give me a discount?
❺ Do you have anything cheaper?
❻ That's too pricey.
❼ I got ripped off.
❽ I got a good deal.
❾ I'll take this. Could I have the check, please?
❿ Where do I check out?
⓫ How much is this with tax?
⓬ I'll pay with cash.

서비스 요청하기

핵심단어

paper bag
종이 봉투

plastic bag
비닐봉지

wrap
포장; 포장하다

gift wrap
선물 포장

bubble wrap
에어캡(뽁뽁이) 포장

together
같이

separately
따로

return
반품; 반품하다

exchange
교환; 교환하다

get an exchange
교환하다

refund
환불; 환불하다

give refunds
환불해주다

get a refund
환불받다

get a full refund
전액 환불받다

sale item
세일 상품

change one's mind
생각을 바꾸다

receipt
영수증

get my money back
내 돈을 돌려받다

comfortable
편안한

too small
너무 작은

too big
너무 큰

too tight
너무 끼는

too loose
너무 헐렁한

torn
찢어진

broken
고장 난

scratch
스크래치, 흠집

stained
얼룩이 있는

damaged
하자가 있는

DAY 046 포장 요청하기

🎧 잘 들어보세요! *What you hear*

Do you want me to wrap this up?
포장해 드릴까요?

Should I gift wrap it?
선물 포장해 드릴까요?

Would you like a bag?
봉투 필요하세요?

👄 이렇게 말해보세요! *What you say*

Could you wrap this up?
포장해 주시겠어요?

Could you wrap them together / separately?
같이 / 따로 포장해 주시겠어요?

How much is it for wrapping?
포장은 얼마예요?

● **Do you want me to ...?** 제가 ...할까요?

↳ **Do you want me to pay for it?**
제가 낼까요?

↳ **Do you want me to go?**
제가 갈까요?

↳ **Do you want me to stay?**
제가 있을까요(머무를까요)?

● **Should I ...?** (제가) ...해야 하나요?

↳ **Should I pay with a credit card?**
카드로 지불해야 하나요?

↳ **Should I go to the doctor?**
병원에 가야 하나요?

↳ **Should I stay or should I go?**
제가 여기 남아야 하나요 가야 하나요?

DAY 047 교환·환불 요청하기 #1

🎧 잘 들어보세요! *What you hear*

Is there something wrong with it?
물건에 무슨 문제가 있나요?

We don't give refunds on sale items.
세일 상품은 환불이 안 됩니다.

Can I ask why you want to refund them?
왜 환불하시려는지 여쭤봐도 될까요?

💋 이렇게 말해보세요! *What you say*

I'd like to return this.
이거 반품하고 싶은데요.

Can I get a refund?
환불받을 수 있나요?

Can I exchange it for another one?
이거 다른 것으로 교환할 수 있나요?

- **Can I ask why ...?** 왜 ...하신지 여쭤봐도 될까요?
  (조금 더 정중하게 물어 볼 땐 "May I ask why ...?")

  ↘ **Can I ask why you want to exchange it?**
  왜 교환하고 싶으신지 여쭤봐도 될까요?

  ↘ **Can I ask why you've changed your mind?**
  왜 마음이 바뀌셨는지 여쭤봐도 될까요?

  ↘ **Can I ask why you need it?**
  왜 그게 필요하신지 여쭤봐도 될까요?

- **Can I get ...?** ...을 받을 수 있나요?

  ↘ **Can I get a full refund?**
  전액 환불받을 수 있나요?

  ↘ **Can I get an exchange for another one?**
  다른 걸로 교환할 수 있나요?

  ↘ **Can I get a little help?**
  도움 좀 받을 수 있나요?

잘 들어보세요! *What you hear*

What's wrong with it?
물건에 무슨 문제가 있나요?

What seems to be the problem?
무슨 문제가 있으시죠?

Do you have the receipt?
영수증은 갖고 계신가요?

이렇게 말해보세요! *What you say*

I think there's a problem with the zipper.
지퍼에 문제가 있는 거 같아요.

I have the receipt.
영수증 있어요.

I've lost the receipt.
영수증을 잃어버렸어요.

● **What's wrong with ...?** ...에 무슨 문제가 있나요?

↘ **What's wrong with the bag?**
가방에 무슨 문제가 있나요?

↘ **What's wrong with the necklace?**
목걸이에 무슨 문제가 있나요?

↘ **What's wrong with you?**
당신 도대체 뭐가 문제예요?(왜 그래요?)

● **I think there's a problem with ....**
...에 문제가 있는 거 같아요.

↘ **I think there's a problem with the buckle.**
버클에 문제가 있는 거 같아요.

↘ **I think there's a problem with the shoelace.**
신발 끈에 문제가 있는 거 같아요.

↘ **I think there's a problem with the connection.**
연결에 문제가 있는 거 같아요.

🗣️ 이렇게 말해보세요! *What you say*

They don't fit well.
(사이즈가) 잘 안 맞아요.

It doesn't really suit me.
저한테 정말 안 어울려요.

It doesn't work.
작동이 안 돼요.

It's got a few scratches.
스크래치가 몇 군데 있어요.

It's too small / big / tight / loose.
너무 작아요 / 커요 / 껴요 / 헐렁해요.

It's torn.
찢어졌어요.

It's broken.
고장 났어요.

● **fit well** (사이즈가) 잘 맞다

↘ **The shoes fit well.**
그 신발 잘 맞아요.

↘ **The dress fits well.**
그 원피스 잘 맞아요.

↘ **The pants don't fit well.**
그 바지 사이즈가 잘 안 맞아요.

● **suit me / you** 저에게 / 당신에게 어울려요

↘ **The jacket suits me.**
그 재킷은 저한테 어울려요.

↘ **The skirt doesn't suit me.**
그 치마는 저한테 안 어울려요.

↘ **The jeans don't suit you.**
그 청바지는 당신에게 안 어울려요.

복습하기 *REVIEW*

❶ 포장해 드릴까요?

❷ 포장은 얼마예요?

❸ 이거 반품하고 싶은데요.

❹ 환불받을 수 있나요?

❺ 왜 환불하시려는지 여쭤봐도 될까요?

❻ 이거 다른 것으로 교환할 수 있나요?

❼ 물건에 무슨 문제가 있나요?

❽ 지퍼에 문제가 있는 거 같아요.

❾ 영수증을 잃어버렸어요.

❿ 저한테 정말 안 어울려요.

⓫ 작동이 안 돼요.

⓬ 너무 껴요.

☆ 이렇게 말하면 돼요!

❶ Do you want me to wrap this up?
❷ How much is it for wrapping?
❸ I'd like to return this.
❹ Can I get a refund?
❺ Can I ask why you want to refund them?
❻ Can I exchange it for another one?
❼ What's wrong with it?
❽ I think there's a problem with the zipper.
❾ I've lost the receipt.
❿ It doesn't really suit me.
⓫ It doesn't work.
⓬ It's too tight.

CHAPTER 3

외식하기

맥도날드 가기
서브웨이 가기
레스토랑 가기
스타벅스 가기

맥도날드 가기

coke
콜라

sprite
사이다

meal
식사

burger
햄버거

fries
감자튀김

ketchup
토마토 케찹

napkin
냅킨

straw
빨대

sauce
소스

breakfast meal
아침 콤보

lunch meal
점심 콤보

soft drink
탄산음료

fountain drink
기계에서 뽑는 탄산음료

for here
여기서(매장 안에서) 먹을

to go
가지고 갈, 포장할

order number
주문번호

DAY 050 주문하기 #1

🎧 잘 들어보세요! *What you hear*

Next in line, please.
다음 분이요.

I can help who's next.
다음 분 도와드릴게요.

What can I get for you?
어떤 걸로 하시겠어요?

👄 이렇게 말해보세요! *What you say*

I'd like a number one, please.
1번 (메뉴로) 주세요.

Can I have a Big Mac with fries?
빅맥 하나랑 감자튀김 주시겠어요?

I'll take a Chicken McNuggets Meal with a large Sprite.
치킨 맥너겟 세트랑 사이다 큰 거 하나 주세요.

● **What can I ...?** (제가) 무엇을 ... 할까요?

↘ **What can I do for you?**
무엇을 도와드릴까요?

↘ **What can I help you with?**
무엇을 도와드릴까요?

↘ **What can I say to you?**
제가 당신에게 뭐라고 말할 수 있을까요?

● **I'd like ....** (음식을 주문할 때) ...주세요.

↘ **I'd like a Double Quarter Pounder Meal with a large Coke.**
더블쿼터파운더 세트 하나랑 콜라 큰 거 하나 주세요.

↘ **I'd like a double cheeseburger with a Sprite.**
더블치즈버거 하나랑 사이다 하나 주세요.

↘ **I'd like a number three, please.**
3번 (메뉴로) 주세요.

DAY 051 주문하기 #2

🎧 잘 들어보세요! What you hear

Would you like something to drink?
마실 것 좀 드릴까요?

Would you like anything else?
다른 거 더 필요한 거 있으세요?

What kind of drink / sauce would you like?
음료/소스는 어떻게 드릴까요?

👄 이렇게 말해보세요! What you say

I'd like a coffee, please.
커피 주세요.

A large Sprite, please.
사이다 큰 걸로 하나 주세요.

How about sweet chili?
스위트 칠리소스는 어떨까요?

- ● **Would you like something to ...?**
  ...하시겠어요? (상대방에게 공손하게 제안할 때)

  ↳ **Would you like something to eat?**
  뭐 좀 드시겠어요?

  ↳ **Would you like something to snack on?**
  간식거리 좀 드릴까요?

  ↳ **Would you like something to read?**
  읽을 것 좀 드릴까요?

- ● **How about ...?** ...은 어떨까요?(...할래요?)

  ↳ **How about some coffee?**
  커피 어떨까요?

  ↳ **How about lunch?**
  점심(식사) 어떨까요?

  ↳ **How about another round (of drinks)?**
  한잔 더 하는 건 어떨까요?

DAY 052 지불하기

🎧 잘 들어보세요! *What you hear*

Is that for here or to go?
여기서 드시나요 가져가시나요?

Will that be all?
주문 다 하신 건가요?

Your total is going to be twelve ninety.
다 해서 12달러 90센트예요.

👄 이렇게 말해보세요! *What you say*

For here, please. / To go, please.
여기서 먹을 거예요. / 가져갈게요.

Can I also get a large coke?
콜라도 큰 걸로 하나 주시겠어요?

That's all. Thanks.
그게 전부예요. 감사합니다.

● **Will that be ...?** ...일까요?

↳ **Will that be enough?**
그걸로 충분할까요?

↳ **Will that be a problem?**
그게 문제가 될까요?

↳ **Will that be cash or credit?**
(지불은) 현금으로 하실 건가요 카드로 하실 건가요?

● **Can I also get ...?** ...을 추가해 주시겠어요?

↳ **Can I also get a cheeseburger?**
치즈버거 하나 추가해 주시겠어요?

↳ **Can I also get a McFlurry?**
맥플러리 하나 추가해 주시겠어요?

↳ **Can I also get a large orange juice?**
오렌지 주스 큰 걸로 하나 추가해 주시겠어요?

써브웨이 가기

hearty Italian bread
하티 이탈리안 브레드

wheat bread
위트 브레드(통밀이 섞인 빵)

honey oat bread
허니 오트 브레드(귀리 빵)

parmesan oregano bread
파마산 오레가노 브레드

flatbread
플랫브래드(납작한 모양으로 만든 빵)

toast
굽다

cut into half / thirds
반 / 삼등분으로 자르다

six-inch bread
6인치 빵(대략 15cm)

footlong bread
12 인치 빵(대략 30cm)

salami
살라미 소시지

turkey
칠면조(고기)

bacon
베이컨

chicken
닭(고기)

provolone cheese
프로볼로네 치즈

mozzarella cheese
모짜렐라 치즈

swiss cheese
스위스 치즈

cheddar cheese
체다 치즈

feta cheese
페타 치즈

vegetable
야채

olive
올리브

onion
양파

lettuce
양상추

jalapeno
할라피뇨

cucumber
오이

banana pepper
바나나 고추

pickle
피클

chips
감자칩

cookies
쿠키

DAY 053 주문하기 #1

🎧 잘 들어보세요! *What you hear*

What size would you like?
(빵) 사이즈는 어떻게 드릴까요?

What kind of bread do you want?
빵은 어떤 걸로 하시겠어요?

Would you like it toasted?
빵 구워 드릴까요?

👄 이렇게 말해보세요! *What you say*

Can I get a six-inch / footlong sandwich?
6인치 / 풋롱(12인치) 샌드위치로 주시겠어요?

I want it toasted. / Can you toast it?
빵 구워 주세요. / 빵 구워 주시겠어요?

I'll have Italian bread.
빵은 이탈리안으로 할게요.

🎙️》 **표현을 활용해보세요!** *Expressions*

- **Would you like it ...?** ...해 드릴까요?

  ↘ **Would you like it warmed up?**
  데워 드릴까요?

  ↘ **Would you like it gift-wrapped?**
  선물 포장해 드릴까요?

  ↘ **Would you like it closed?**
  닫아 드릴까요?

- **I'll have ....** ...로 할게요.

  ↘ **I'll have a footlong turkey on Italian.**
  12인치 이탈리안 빵에 터키 샌드위치로 할게요.

  ↘ **I'll have a six-inch Steak & Cheese on honey oat.**
  6인치 허니 오트 빵에 스테이크 앤 치즈 샌드위치로 할게요.

  ↘ **I'll have a six-inch Sweet Onion Chicken Teriyaki on Italian.**
  6인치 이탈리안 빵에 스위트 어니언 치킨 데리야키 샌드위치로 할게요.

DAY 054 주문하기 #2

잘 들어보세요! *What you hear*

What kind of cheese do you want?
어떤 종류의 치즈를 원하세요?

**What kind of vegetables would you like? /
Any toppings?**
어떤 종류의 야채로 하시겠어요? / 토핑은요?

What kind of sauce do you want? / Any sauce?
어떤 종류의 소스를 원하세요? / 소스는요?

이렇게 말해보세요! *What you say*

Can you just add everything?
그냥 다 넣어 주시겠어요?

Can I get everything except olives?
올리브 빼고 다 넣어 주시겠어요?

Can I get some more lettuce?
양상추를 좀 더 주시겠어요?

🎙️⁾⁾ 표현을 활용해보세요! *Expressions*

● **Can I get everything except ...?**
...빼고 다 주시겠어요?

↘ **Can I get everything except jalapenos?**
할라피뇨 빼고 다 주시겠어요?

↘ **Can I get everything except cucumbers?**
오이 빼고 다 주시겠어요?

↘ **Can I get everything except tomatoes?**
토마토 빼고 다 주시겠어요?

● **Can I get some more ...?** ...를 좀 더 주시겠어요?

↘ **Can I get some more onions?**
양파 좀 더 주시겠어요?

↘ **Can I get some more ranch sauce?**
랜치 소스 좀 더 주시겠어요?

↘ **Can I get some more barbecue sauce?**
바비큐 소스 좀 더 주시겠어요?

🎧 잘 들어보세요! *What you hear*

Do you want chips or cookies?
감자칩이나 쿠키 추가하시겠어요?

Do you want to make it a meal by adding a drink?
음료 한 잔 추가해서 세트로 하시겠어요?

Would you like a receipt?
영수증 드릴까요?

👄 이렇게 말해보세요! *What you say*

Can you cut it into thirds? / Can you not cut it?
3등분 해주시겠어요? / 자르지 말아 주시겠어요?

Can you bag them separately?
따로 포장해 주시겠어요?

I don't need a receipt.
영수증 필요 없어요.

🎙️)) 표현을 활용해보세요! *Expressions*

● **Can you not ...?** ...하지 말아 주시겠어요?

↘ **Can you not do that?**
그거 하지 말아 주시겠어요?

↘ **Can you not tell Kelly?**
켈리한테는 말하지 말아 주시겠어요?

↘ **Can you not watch that?**
그거 보지 말아 주시겠어요?

● **separately** 별도로, 따로

↘ **Can you wrap them up separately?**
따로 포장해 주시겠어요?

↘ **Can we take them separately?**
따로 가져가도 될까요?

↘ **Can we pay separately?**
따로 지불해도 될까요?(더치 페이로 해도 될까요?)

❶ 1번 (메뉴로) 주세요.

❷ 빅맥 하나랑 감자튀김 주시겠어요?

❸ 마실 것 좀 드릴까요?

❹ 사이다 큰 걸로 하나 주세요.

❺ 여기서 드시나요 가져가시나요?

❻ 여기서 먹을 거예요.

❼ 콜라도 큰 걸로 하나 주시겠어요?

❽ 6인치 샌드위치로 주시겠어요?

❾ 빵 구워 주세요.

❿ 그냥 다 넣어주시겠어요?

⓫ 자르지 말아 주시겠어요?

⓬ 따로 포장해 주시겠어요?

⭐ 이렇게 말하면 돼요!

❶ I'd like a number one, please.
❷ Can I have a Big Mac with fries?
❸ Would you like something to drink?
❹ A large Sprite, please.
❺ Is that for here or to go?
❻ For here, please.
❼ Can I also get a large coke?
❽ Can I get a six-inch sandwich?
❾ I want it toasted.
❿ Can you just add everything?
⓫ Can you not cut it?
⓬ Can you bag them separately?

레스토랑 가기

make a reservation
예약하다

book a table
테이블을 예약하다

cancel / change my reservation
예약을 취소 / 변경하다

waiting list
대기자 명단

party
일행

booth
부스(칸막이 된 자리)

inside / outside
실내 / 실외

menu
메뉴

smoking / non-smoking section
흡연 / 금연 구역

today's special
오늘의 요리

appetizer
애피타이저, 전채 요리

highchair
유아용 의자, 높은 의자

recommend
추천하다

steak
스테이크

salad
샐러드

rare
덜 익힌

medium-rare
약간 덜 익힌

medium-well
중간 정도 익힌

well-done
완전 익힌

steamed rice
쌀밥

seafood
해산물

pasta
파스타

salad
샐러드

water
물

beer
맥주

wine
와인

knife
칼

fork
포크

teaspoon
티스푼

napkin
냅킨

plate
접시

chopsticks
젓가락

refill
리필하다

AC (air conditioner)
에어컨

heater
히터

allergic
알레르기가 있는

crab
게살

peanut
땅콩

shellfish
조개류

egg
계란

dairy products
유제품

take out
(음식 등에서 특정 요소를)
빼다

cold
차가운

**undercooked /
overcooked**
덜 익힌 / 너무 익힌

**too salty / spicy /
greasy**
너무 짠 / 매운 / 기름진

burnt
탄

dessert
디저트, 후식

ready
준비된

bill
계산서

cash
현금

credit card
신용카드

traveler's check
여행자 수표

split the bill
따로 계산하다

🎧 잘 들어보세요! *What you hear*

How many in your party?
총 몇 분이세요?

Did you make a reservation?
예약하셨나요?

It's going to be a 15-minute wait. Can I have your name, please?
15분 기다리셔야 합니다. 성함이 어떻게 되시죠?

👄 이렇게 말해보세요! *What you say*

We have a party of three. / A party of three.
총 세 명입니다.

How long is the wait?
얼마나 기다려야 하나요?

I don't mind sitting at the bar.
바에 앉아도 괜찮아요.

● **How long is ...?** ...은 얼마나 걸리나요?
(소요 시간을 물어 볼 때)

↘ **How long is the movie?**
그 영화 상영 시간은 어떻게 되나요?

↘ **How long is the ride?**
얼마나 걸리나요?

↘ **How long is the flight?**
비행 시간이 얼마나 되나요?

● **I don't mind -ing.** ...해도 괜찮아요.

↘ **I don't mind waiting.**
기다려도 괜찮아요.

↘ **I don't mind sitting in the booth.**
부스에 앉아도 괜찮아요.

↘ **I don't mind walking.**
걸어도 괜찮아요.

🎧 잘 들어보세요! *What you hear*

Would you like any appetizers to begin with?
애피타이저부터 우선 하시겠어요?

Are you ready to order or do you need more time?
주문하시겠어요 아니면 조금 더 시간이 필요하세요?

👄 이렇게 말해보세요! *What you say*

Could we have the menu?
메뉴 주시겠어요?

We are ready to order.
주문할게요.

I haven't decided yet. I need a little more time.
아직 고민 중이에요. 조금 더 시간을 주세요.

For a starter, I'd like to have the smoked salmon with prawns.
스타터로 새우랑 같이 나오는 훈제 연어 주세요.

● **To begin with** 우선, 먼저, 처음에

↘ There has been a misunderstanding to begin with.
처음부터 오해가 있었어요.

↘ It was pretty interesting to begin with.
처음엔 꽤 흥미로웠어요.

↘ Well, to begin with...
음, 우선은...

● **I haven't ... yet.** 아직 ...하지 못했어요.

↘ I haven't finished yet.
아직 못 끝냈어요.

↘ I haven't signed yet.
아직 서명 안 했어요.

↘ I haven't told him yet.
그에게 아직 얘기 안 했어요.

DAY 058 메인 요리 주문하기

🎧 잘 들어보세요! *What you hear*

What would you like to order?
주문 어떻게 도와드릴까요?

How would you like your steak?
스테이크는 어떻게 익혀드릴까요?

💋 이렇게 말해보세요! *What you say*

What do you recommend? / What's good here?
어떤 요리를 추천해주시겠어요? / 인기 메뉴는 어떤 건가요?

I'll have the steak (for the main course).
(메인은) 스테이크로 할게요.

I'll have it rare / medium-rare / medium-well / well-done, please.
덜 익힌/약간 덜 익힌/중간 정도 익힌/완전 익힌 걸로 주세요.

Does it come with a salad?
샐러드랑 같이 나오나요?

● **What would you like to ...?** 무엇을 ...하고 싶어요?

↘ **What would you like to have for dessert?**
디저트는 무엇으로 하시겠어요?

↘ **What would you like to drink with your meal?**
주문하신 음식에 음료는 무엇으로 하시겠어요?

● **How would you like ...?** ...은 어떻게 드릴까요?

↘ **How would you like your coffee?**
커피는 어떻게 드릴까요?

↘ **How would you like your eggs?**
계란은 어떻게 드릴까요?

● **Does it come with ...?**
...과 같이 나오나요? / ...가 포함되어 있나요?
(선택한 메뉴에 ...도 포함되어 있는지 알고 싶을 때)

↘ **Does it come with soup?**
수프가 포함되어 있나요?

↘ **Does it come with a drink?**
음료가 포함되어 있나요?

🎧 잘 들어보세요! *What you hear*

How's everything? / Everything's good?
별 문제 없으신가요?

Can I get you anything else?
다른 거 더 필요한 거 있으세요?

👄 이렇게 말해보세요! *What you say*

Everything's great. Thank you.
너무 좋아요. 감사합니다.

Can I get some more ketchup, please?
케첩 좀 더 주시겠어요?

Could you bring us some salt, please?
소금 좀 가져다주시겠어요?

Can you put the sauce on the side, please?
소스는 따로 주시겠어요?

- **How is (How's) ...?** ...은 어떠세요?

  ↘ **How's your food?**
  음식 어떠세요?

  ↘ **How's the salmon?**
  연어는 어떠세요?

  ↘ **How's your work?**
  일은 어떠세요?

- **Could you bring us ...?** ...을 가져다주시겠어요?

  ↘ **Could you bring us some sugar?**
  설탕 좀 가져다주시겠어요?

  ↘ **Could you bring us two more forks?**
  포크 두 개 더 가져다주시겠어요?

  ↘ **Could you bring us a highchair?**
  아기 의자 하나 가져다주시겠어요?

추가 요청하기 #2

🗣️ *이렇게 말해보세요! What you say*

I'm allergic to crab. Can you make it without crab?

게살 알레르기가 있어서요. 게살은 빼 주시겠어요?

No pepper, please. / Take out the cucumbers, please.

고추는 빼 주세요. / 오이는 빼 주세요.

My food is a little cold.

음식이 조금 식었어요.

The food is undercooked / overcooked.

음식이 덜 익었어요 / 너무 익었어요.

It's too salty / too spicy / too greasy.

너무 짜요 / 너무 매워요 / 너무 기름져요.

There's a problem with my food.

음식이 좀 이상해요.

- **I'm allergic to ....** ...에 알레르기가 있어요.

  ↘ **I'm allergic to peanuts.**
  땅콩 알레르기가 있어요.

  ↘ **I'm allergic to shellfish.**
  조개류에 알레르기가 있어요.

- **Can you make it without ...?** ...은 빼고 주시겠어요?

  ↘ **Can you make it without olives?**
  올리브는 빼고 주시겠어요?

  ↘ **Can you make it without cheese?**
  치즈는 빼고 주시겠어요?

- **There's a problem with ....**
  ...에 문제가 있어요.(좀 이상해요.)

  ↘ **There's a problem with the water.**
  물이 좀 이상해요.

  ↘ **There's a problem with the highchair.**
  아기 의자가 좀 이상해요.

DAY 061　문제 해결하기

레스토랑에서 간혹 주문한 음식이 한참을 기다려도 나오지 않는다거나 주문한 음식과 다른 음식이 나온다면 다음 표현들을 활용해 보세요!

👄 이렇게 말해보세요! What you say

Excuse me, I haven't gotten my food yet.
실례지만 아직 제 음식이 안 나왔는데요.

I'm sorry, but is my food coming up?
실례지만 제 음식 나오는 건가요?

Excuse me, I'm wondering if my food is almost ready.
실례지만 제 음식이 거의 준비가 됐는지 궁금한데요.

This isn't mine.
이건 제가 시킨 게 아닌데요.

This isn't what I ordered.
이건 제가 주문한 게 아닌데요.

I think you got my order wrong.
주문이 잘못 들어갔던 거 같아요. (내가 주문한 것과 다른 음식이 나왔을 때)

● **I'm wondering if ....** ...한지 궁금해요.

↘ **I'm wondering if my food is coming up.**
음식이 나오는 건지 궁금해요.

↘ **I'm wondering if I can cancel my order.**
주문을 취소해도 되는지 궁금해요.

↘ **I'm wondering if I can change my order.**
주문을 변경해도 되는지 궁금해요.

● **This isn't what I ....** 이건 제가 ...한 게 아니에요.

↘ **This isn't what I expected.**
이건 제가 예상했던 게 아니에요.

↘ **This isn't what I wanted.**
이건 제가 원했던 게 아니에요.

↘ **This isn't what I had in mind.**
이건 제가 생각했던 게 아니에요.

🎧 잘 들어보세요! *What you hear*

How was the meal?
식사 어떠셨나요?

Did you enjoy the meal?
식사 맛있게 하셨나요?

Do you have room for dessert?
디저트 드시겠어요?

👄 이렇게 말해보세요! *What you say*

Can I get the chocolate cake for dessert?
디저트로 초콜릿 케이크 주시겠어요?

What do you recommend for dessert?
디저트로 무엇을 추천하시나요?

I'm good. / No, thank you.
괜찮습니다.

● **Did you enjoy ...?** ...을 즐겁게 하셨나요?

↘ **Did you enjoy the class?**
수업 잘 들었어요?

↘ **Did you enjoy the trip?**
여행 즐거웠어요?

↘ **Did you enjoy the movie?**
영화 잘 봤어요?

● **What do you recommend for ...?**
...은 어떤 걸 추천하세요 / 어떤 게 좋을까요?

↘ **What do you recommend for appetizers?**
애피타이저는 어떤 게 좋을까요?

↘ **What do you recommend for finger food?**
핑거푸드는 어떤 게 좋을까요?

↘ **What do you recommend for salad dressing?**
샐러드 드레싱은 어떤 게 좋을까요?

식사를 마치고 나서

🎧 잘 들어보세요! *What you hear*

Can I get you anything else, or are you ready for the check?
다른 거 뭐 필요한 거 있으세요 아니면 계산하시겠어요?

Are you guys paying together?
같이 계산하시는 건가요?

👄 이렇게 말해보세요! *What you say*

Could you wrap this up, please?
(남은 음식 포장해달라고 할 때) 이것 좀 싸주시겠어요?

Can I get this to go, please?
(포장 주문 혹은 남은 음식을 가져가고 싶을 때) 이거 테이크아웃 해주실래요?

Could I have the check, please?
계산서 주시겠어요?

Can we have separate checks, please?
계산서 따로 주시겠어요?

● **wrap up** (…을) 포장하다; 마무리하다

↳ **Would you wrap these up?**
이거 포장해 주시겠어요?

↳ **Okay, let's wrap it up.**
자 이제 마무리하시죠.

↳ **What time did the party wrap up?**
파티는 몇 시에 끝났어요?

● **Can I get ... to go?** …을 테이크아웃해도 될까요?

↳ **Can I get a turkey sandwich to go?**
터키 샌드위치 하나 테이크아웃해도 될까요?

↳ **Can I get a double cheeseburger to go?**
더블치즈버거 하나 테이크아웃해도 될까요?

↳ **Can I get some chili fries to go?**
칠리 프라이 테이크아웃해도 될까요?

복습하기 REVIEW

❶ 총 몇 분이세요?

❷ 얼마나 기다려야 하나요?

❸ 메뉴 좀 주시겠어요?

❹ 아직 고민 중이에요.

❺ 어떤 요리를 추천해주시겠어요?

❻ 샐러드랑 같이 나오나요?

❼ 소금 좀 가져다주시겠어요?

❽ 게살 알레르기가 있어서요. 게살은 빼 주시겠어요?

❾ 음식이 조금 식었어요.

❿ 실례지만 아직 제 음식이 안 나왔는데요.

⓫ 이건 제가 주문한 게 아닌데요.

⓬ 이것 좀 싸주시겠어요?

☆ 이렇게 말하면 돼요!

❶ How many in your party?
❷ How long is the wait?
❸ Could we have the menu?
❹ I haven't decided yet.
❺ What do you recommend?
❻ Does it come with a salad?
❼ Could you bring us some salt, please?
❽ I'm allergic to crab. Can you make it without crab?
❾ My food is a little cold.
❿ Excuse me, I haven't gotten my food yet.
⓫ This isn't what I ordered.
⓬ Could you wrap this up, please?

스타벅스 가기

핵심단어

hot / iced
뜨거운 / 얼음을 넣은

coffee
커피

latte
라떼

americano
아메리카노

on the side
따로(별도로 분리해서)

go easy / heavy on
조금 / 많이 넣다

short
숏(스타벅스에서 제일 작은
사이즈 컵으로, 따뜻한 음료
만 가능)

tall
톨(스타벅스의 작은 사이즈
컵)

grande
그란데(스타벅스의 중간 사
이즈 컵)

venti
벤티(스타벅스의 큰 사이즈
컵)

decaf
디카페인(카페인이 없는)

extra shot
(에스프레소) 샷 추가

triple shot
(에스프레소) 세 샷

add
추가하다, 첨가하다

whole milk
일반 우유

nonfat milk
무지방 우유

whipped cream
휘핑 크림

drizzle
음료 위에 뿌리는 시럽

crumble
크럼블(초콜릿, 과자 등을 잘
게 부순 가루)

foam
거품

tumbler
텀블러

carrier
캐리어(여러 잔의 음료를 운
반하는 데 쓰는 손잡이 달린
박스)

sleeve
컵 홀더

lid
컵 뚜껑

stopper
컵 마개 막대(컵 뚜껑의 뚫린
부분에 끼움)

🎧 잘 들어보세요! *What you hear*

What can I get you?
무엇을 드릴까요?

What size would you like?
어떤 사이즈를 원하세요?

👄 이렇게 말해보세요! *What you say*

커피는 보통 수량, 사이즈, 온도, 음료 이름, 카페인 유무, 샷 추가,
시럽 유무의 순으로 주문하는 게 일반적이에요.

온도 (iced 얼음을 넣은, hot 뜨거운)

Can I get a tall iced americano?
톨 사이즈 아이스 아메리카노 주시겠어요?

Go easy on the ice, please.
얼음은 조금만 주세요.

Can you make that extra hot, please?
더 뜨겁게 해주시겠어요?

● **Go easy on ..., please.** ...은 조금만 넣어주세요.

↘ **Go easy on the foam, please.**
거품은 조금만 넣어주세요.

↘ **Go easy on the syrup, please.**
시럽은 조금만 넣어주세요.

↘ **Go easy on the sugar, please.**
설탕은 조금만 넣어주세요.

● **Can you make that extra ...?**
더 ...하게 해주시겠어요?

↘ **Can you make that extra sweet?**
더 달게 해주시겠어요?

↘ **Can you make that extra strong?**
더 진하게 해주시겠어요?

↘ **Can you make that extra spicy?**
더 맵게 해주시겠어요?

DAY065 커피 주문하기 #2

사이즈 (tall 작은, grande 중간, venti 큰)

I'll have a tall, please.
톨 사이즈로 주세요.

카페인 (regular 일반, decaf 디카페인)

Decaf, please.
디카페인으로(카페인 없는 걸로) 주세요.

샷 추가 (single 싱글/원 샷, double 더블/투 샷, triple 트리플/쓰리 샷)

Can I get an extra shot, please?
샷 하나 추가해 주시겠어요?

Can you give me one shot instead of two, please?
더블 샷 대신 싱글 샷으로 주시겠어요?

시럽 추가 (syrup)

Can you add a little bit of hazelnut?
헤이즐넛 시럽 조금 더 넣어 주시겠어요?

- **Decaf** 디카페인, 카페인이 없는

↘ **Decaf or regular?**
디카페인으로 하시겠어요 일반 커피로 하시겠어요?

↘ **I only drink decaf.**
저는 디카페인으로만 마셔요.

↘ **Mochaccino decaf, nonfat, please.**
모카치노 디카페인 무지방 우유로 주세요.

- **Can / Could you add ...?** ...을 더 넣어 주시겠어요?

↘ **Can you add some water here?**
여기에 물 좀 더 넣어주시겠어요?

↘ **Can you add some more meat?**
고기 좀 더 넣어주시겠어요?

↘ **Could you add Frosted Flakes?**
콘플레이크(시리얼)도 넣어 주시겠어요?

커피 주문하기 #3

🗣️ 이렇게 말해보세요! *What you say*

우유 (nonfat 무지방, whole 일반, soy 두유, coconut 코코넛 밀크)

I'll have whole milk.
일반 우유로 할게요.

I'd like 2% (two-percent) milk.
2% 저지방 우유로 주세요.

Can I have nonfat milk?
무지방 우유로 주시겠어요?

취향에 따라 선택하기 (custom drinks)

Not too much whipped cream, please.
휘핑 크림은 너무 많이 넣지 말아 주세요.

You can go heavy on the whipped cream.
휘핑 크림 많이 넣어주세요.

A grande Peppermint Mocha Frappuccino, half sweet, no whip, lactose-free, please.
그란데 사이즈로 페퍼민트 모카 프라푸치노, 당도는 50프로에 휘핑 크림은 빼고 무젖당(우유)으로 주세요.

● **Not too much ....** ...을 너무 많이 넣지 말아 주세요.

↘ **Not too much syrup, please.**
시럽 너무 많이 넣지 말아 주세요.

↘ **Not too much drizzle, please.**
드리즐 너무 많이 넣지 말아 주세요.

↘ **Not too much sauce, please.**
소스 너무 많이 넣지 말아 주세요.

● **You can go heavy on ....** ...을 많이 넣어주세요.

↘ **You can go heavy on crumbles.**
크럼블 많이 넣어주세요.

↘ **You can go heavy on toppings.**
토핑 많이 올려주세요.

↘ **You can go heavy on the sugar.**
설탕 많이 넣어주세요.

💋 이렇게 말해보세요! *What you say*

I'd like that in a mug, please.
머그컵에 주세요.

Can I get a cup of water without ice?
얼음 빼고 물 한 잔 주시겠어요?

Can you leave room for ice?
얼음을 넣을 수 있게 꽉 채우지 말아 주시겠어요?

Can you put them in a carrier?
캐리어에 담아 주시겠어요?

Can I get an extra sleeve / lid / stopper?
컵 홀더 / 컵 뚜껑 / 컵 마개 막대 하나 더 받을 수 있을까요?

Can you double cup that for me, please?
컵 두 개 껴서 주시겠어요?

- **I'd like that (in) ....** ...에 주세요.

  ↘ **I'd like that in my tumbler.**
  제 텀블러에 주세요.

  ↘ **I'd like that in a glass.**
  유리잔에 주세요.

  ↘ **I'd like that in a bowl.**
  그릇에 주세요.

- **leave room for ...** ...을 넣을 수 있게 비워두다

  ↘ **Can you leave room for cream?**
  크림 넣을 수 있게 꽉 채우지 말아주시겠어요?

  ↘ **Can you leave room for milk?**
  우유 넣을 수 있게 꽉 채우지 말아주시겠어요?

  ↘ **Did you leave room for dessert?**
  후식 드실 공간을 남겨두셨나요? (후식 드시겠어요?)

DAY 068 문제 해결하기

주문을 변경, 취소해야 하거나 내가 주문한 음료가 아닌 다른 음료가 나온다면
다음 표현들을 활용해보세요.

😘 이렇게 말해보세요! What you say

I'd like to change my order.
주문을 바꾸고 싶은데요.

Can I cancel my order, please?
주문을 취소해도 될까요?

Can I get a latte instead of a cappuccino?
카푸치노 대신 라떼로 바꿀 수 있나요?

This isn't my drink.
이건 제 음료가 아닌데요.

Excuse me, I didn't order this.
실례지만 이거 제가 주문하지 않았는데요.

I don't think this is my drink.
제가 주문한 음료가 아닌 것 같은데요.

표현을 활용해보세요! Expressions

• instead of ... ...대신에

↘ Can I get a Frappuccino instead of a macchiato?
마끼아또 대신에 프라푸치노로 바꿀 수 있을까요?

↘ Can you just give me one shot instead of two?
더블 샷 대신에 싱글 샷으로 주실 수 있나요?

↘ Can I have two pumps of syrup instead of three?
시럽 세 번 대신에 두 번만 넣어 주시겠어요?

• I don't think ....이 아닌 것 같아요.

↘ I don't think this is yours.
이건 당신 게 아닌 것 같아요.

↘ I don't think this is what I needed.
이건 제가 필요했던 게 아닌 것 같아요.

↘ I don't think this is working.
이거 작동하지 않는 것 같아요.

❶ 톨 사이즈 아이스 아메리카노 주시겠어요?

❷ 얼음은 조금만 주세요.

❸ 디카페인으로 주세요.

❹ 샷 하나 추가해 주시겠어요?

❺ 헤이즐넛 시럽 조금 더 넣어주시겠어요?

❻ 무지방 우유로 주시겠어요?

❼ 휘핑 크림은 너무 많이 넣지 말아 주세요.

❽ 얼음을 넣을 수 있게 꽉 채우지 말아 주시겠어요?

❾ 캐리어에 담아 주시겠어요?

❿ 컵 홀더 하나 더 받을 수 있을까요?

⓫ 주문을 바꾸고 싶은데요.

⓬ 주문을 취소해도 될까요?

☆ 이렇게 말하면 돼요!

❶ Can I get a tall iced americano?
❷ Go easy on the ice, please.
❸ Decaf, please.
❹ Can I get an extra shot, please?
❺ Can you add a little bit of hazelnut?
❻ Can I have nonfat milk?
❼ Not too much whipped cream, please.
❽ Can you leave room for ice?
❾ Can you put them in a carrier?
❿ Can I get an extra sleeve?
⓫ I'd like to change my order.
⓬ Can I cancel my order, please?

CHAPTER 4

영화·공연 보러 가기

영화 보러 가기

공연 보러 가기

영화 보러 가기

핵심단어

영화관

adult / kid
성인 / 아이

ticket booth
매표소

debut
데뷔; 데뷔하다

next showing
다음 영화

running time
상영 시간

kiosk
키오스크

concession stand
매점

booster seat
어린이용 보조 의자

release date
개봉일

stand in line
일렬로 서다

matinee
낮 공연

discount
할인

rewards card
적립 카드

assigned seat
지정석

preview
시사회

actor / actress
남배우 / 여배우

trailer
예고편

popcorn
팝콘

nacho
나초

fountain drink
기계에서 뽑는 탄산음료

pretzel
프레첼

condiment
양념

armrest
팔걸이

screen
영화관 스크린

stair
계단

emergency exit
비상구

핵심단어

영화가 끝나고 (영화에 대해 이야기할 때)

action
액션

adventure
어드벤처

animation
애니메이션

comedy
코미디

documentary
다큐멘터리

family
가족

fantasy
판타지

horror
공포

romance
로맨스

rom-com (romantic comedy)
로맨틱 코미디

sci-fi
공상과학

thriller
스릴러

interesting
흥미로운

hilarious
아주 재미있는(웃기는)

touching
감동적인

awesome
끝내주는

entertaining
재미있는, 즐거움을 주는

absorbing
몰입하게 만드는, 빠져들게 만드는

thought-provoking
시사하는 바가 많은

fascinating
흥미로운

surprising
놀라운

recommend
추천하다

boring
지루한

disappointing
실망스러운

violent
폭력적인

lame
시시한, 별로인

predictable
예측 가능한, 뻔한

expectation
기대

plot
줄거리

twist
반전

acting
연기

original soundtrack
영화의 사운드트랙

DAY 069 친구와 영화 약속 잡기

🎧 잘 들어보세요! *What you hear*

Do you want to go to the movies on Friday?
금요일에 영화 보러 갈래?

***Parasite* debuts tomorrow.**
〈기생충〉 내일 개봉해.

We could go to the 3:20, 5:45 or 8:05 show.
시간대는 3:20, 5:45, 8:05에 있어.

👄 이렇게 말해보세요! *What you say*

What's out?
영화 뭐 나왔어?

Awesome, I've been waiting for that to come out.
좋아, 그 영화 나오길 기다렸는데.

Let's go to the 8:05 show.
8시 5분 걸로 보자.

I'll buy the tickets online, instead of waiting in line at the box office.
영화관에서 기다리지 말고 내가 온라인으로 티켓 예매할게.

🎤)) 표현을 활용해보세요! *Expressions*

● **come out** 나오다, 개봉하다

↘ **I'm pretty sure that the movie came out.**
그 영화 분명히 개봉했을 거야.

↘ **The movie came out already.**
그 영화 이미 개봉했어.

↘ **My coffee didn't come out.**
내 커피가 안 나왔어.

● **buy ... online** ...을 온라인에서 구매하다

↘ **I buy it in bulk online.**
난 그거 온라인에서 대량으로 주문해.

↘ **I often buy things online.**
난 온라인에서 자주 물건을 구매해.

↘ **I don't know if it fits well if I buy it online.**
온라인으로 구매하면 잘 맞는지 알 수 없어.

DAY 070　현장 예매하기 #1

🎧 잘 들어보세요! *What you hear*

What time would you like to see it? / For what time?
몇 시 걸로 드릴까요?

Where would you like to sit?
자리는 어떻게 드릴까요?

Do you want to see it in 3D?
3D로 하시겠어요?

👄 이렇게 말해보세요! *What you say*

We'd like two tickets for *Avengers*.
〈어벤저스〉 두 장 주세요.

9:10, please.
9시 10분 영화로 주세요.

I'd like to sit towards the front.
앞쪽으로 주세요.

- **Where would you like to ...?**
  어디(로 / 서) ...하시겠어요?

  ↳ **Where would you like to go?**
  어디로 가시겠어요?

  ↳ **Where would you like to meet up?**
  어디서 만나시겠어요?

  ↳ **Where would you like to have dinner?**
  어디서 저녁 드시겠어요?

- **I'd like to sit towards the front.** 앞쪽으로 주세요.

  자리 문의할 때 자주 쓰는 표현들이에요.

  ↳ **Somewhere in the middle, please.**
  중간 쪽으로 주세요.

  ↳ **Could you put us a bit further away from the screen?**
  스크린에서 좀 떨어진 자리로 주시겠어요?

  ↳ **Can we sit in the back maybe around row 30?**
  뒤쪽으로 30열 정도에 앉을 수 있을까요?

DAY 071 현장 예매하기 #2

가끔씩 원하는 시간대에 영화가 매진되어 다른 시간대 혹은 다른 영화를 문의해야 할 때 아래 표현을 활용해 보세요. 19금 영화의 경우 신분증을 요구할 수도 있어요.

🎧 잘 들어보세요! *What you hear*

Sorry, that show is sold out. / We don't have any seats available for the show.
죄송하지만 그 영화는 매진입니다. / 그 영화는 자리가 없습니다.

It's rated PG-13, so it'd be fine for her.
13세 이상 관람 가능한 영화이기 때문에 (여자) 아이가 봐도 괜찮을 것 같습니다.

It's rated R. Can I see your ID, please?
19금 영화입니다. 신분증 좀 보여주시겠어요?

👄 이렇게 말해보세요! *What you say*

What time is the next show?
다음 영화는 몇 시인가요?

Are there any tickets available for other shows?
다른 영화는 표가 있나요?

Do you offer any discounts?
할인되나요?

🎤)) 표현을 활용해보세요! *Expressions*

> ● **sold out** 매진되다

↘ This show was sold out the minute these tickets went on sale.
이 쇼는 티켓 판매 시작하자마자 매진됐어요.

↘ This bag is sold out everywhere. Where did you get this?
이 가방 모든 곳에서 다 팔렸던데(품절됐던데). 어디서 구하셨어요?

↘ All seats were sold out.
모든 좌석이 매진됐어요.

비슷한 표현으로는 아래와 같은 것들이 있어요.

↘ I'm sorry, we're all booked up.
죄송해요, 예약이 꽉 찼습니다.

↘ With Christmas, everywhere is fully booked.
크리스마스에는 모든 곳이 예약이 다 차요.

↘ We've been fully booked for months.
몇 달간 일정이 꽉 찼었어요.

DAY 072 스낵 바 이용하기

🎧 잘 들어보세요! *What you hear*

Hi. What can I get for you?
안녕하세요. 어떤 걸로 하시겠어요?

Sorry, we're out of nachos right now, but we have pretzels and pizza.
죄송하지만, 나초는 지금 다 떨어졌고요, 프레첼이랑 피자는 있습니다.

Anything else?
더 시키실 건 없으세요?

👄 이렇게 말해보세요! *What you say*

I'd like a medium popcorn and a large Sprite.
미디엄(중간) 사이즈 팝콘 하나랑 사이다 큰 걸로 하나 주세요.

I'll also get an order of nachos and a hotdog with the works.
나초랑 핫도그도 주세요, 핫도그는 (양념, 토핑 등) 다 넣어 주세요.

Is a drink included in the Kids Pack?
아이들 세트 메뉴에 음료는 포함되어 있나요?

- **get an order (of) ...** ...을 주문하다

  ↘ **Can I get an order of French fries?**
  프렌치프라이 주시겠어요?

  ↘ **I'd like to get an order for delivery.**
  배달 주문하고 싶은데요.

  ↘ **I'm going to get an order of chicken nuggets with a regular coke.**
  치킨 너겟이랑 일반 콜라 하나 주문할래요.

- **with the works**
  (샌드위치, 햄버거, 핫도그에) 모든 토핑과 양념을 다 넣은

  ↘ **Would you like it with the works?**
  (양념, 토핑 등을) 다 넣어드릴까요?

  ↘ **I'd like my sandwich with the works.**
  샌드위치에 (양념, 토핑 등을) 다 넣어 주세요.

  ↘ **He ordered a pizza with the works.**
  그는 토핑이 다 들어간 피자를 시켰어요.

DAY 073 영화가 끝나고 #1

영화가 끝나고 밖으로 나오면서 가볍게 친구와 영화가 어땠는지 얘기할 때 다음 표현들을 활용해 보세요.

🎧 잘 들어보세요! *What you hear*

Did you enjoy the movie?
영화 잘 봤어?

**What do you think about the movie? /
How did you like the movie?**
영화 어떻게 생각해? / 영화 어땠어?

👄 이렇게 말해보세요! *What you say*

I really enjoyed this movie.
이 영화 정말 재미있게 봤어.

I think the movie was great.
이 영화 정말 좋았어.

The movie isn't as good as I thought.
이 영화 생각보다 별로야.

🎙️)) 표현을 활용해보세요! *Expressions*

● **What do you think about ...?**
...에 대해 어떻게 생각해?

↘ **What do you think about the storyline?**
영화 줄거리에 대해 어떻게 생각해?

↘ **What do you think about inviting Kelly?**
켈리를 초대하는 거에 대해 어떻게 생각해?

● ***A* isn't as ... as I thought.**
A는 내가 생각했던 것만큼 ...하지 않아.

↘ **The movie isn't as interesting as I thought.**
그 영화는 내가 생각했던 것만큼 흥미롭지 않아.

↘ **The movie isn't as exciting as I thought.**
그 영화는 내가 생각했던 것만큼 흥미진진하지 않아.

↘ **The scenes aren't as beautiful as I thought.**
그 장면들은 내가 생각했던 것만큼 아름답지 않아.

DAY 074 영화가 끝나고 #2

🗣️ 이렇게 말해보세요! *What you say*

영화가 왜 좋았는지, 왜 별로였는지 친구에게 좀 더 구체적으로 얘기해 보세요.

영화가 좋았을 때

I really liked the movie because it was absorbing.
그 영화는 몰입감이 있어서 너무 좋았어.

hilarious 너무 웃긴	touching 감동적인	entertaining 재미있는
dramatic 극적인	romantic 로맨틱한	action-packed 액션이 많은

영화가 별로였을 때

I didn't like the movie because it was predictable.
그 영화는 너무 뻔해서 별로였어.

boring 지루한	violent 폭력적인	lame 진부한	weird 이상한

The movie didn't live up to my expectations.
그 영화는 내 기대에 못 미쳤어.

It was the worst movie ever.
그 영화는 최악이었어.

It was a complete waste of time.
완전 시간 낭비했어.

표현을 활용해보세요! Expressions

- **... didn’t live up to my expectations.**
  ...은 내 기대에 못 미쳤어.

↘ **The acting didn’t live up to my expectations.**
(배우들의) 연기가 내 기대에 못 미쳤어.

↘ **The plot didn’t live up to my expectations.**
줄거리가 내 기대에 못 미쳤어.

↘ **The special effects didn’t live up to my expectations.**
특수효과가 내 기대에 못 미쳤어.

- **It was the -(e)st movie ever.** 가장 ...한 영화였어.
  (최상급 사용)

↘ **It was the scariest movie ever.**
가장 무서운 영화였어.

↘ **It was the funniest movie ever.**
가장 웃긴 영화였어.

↘ **It was the saddest movie ever.**
가장 슬픈 영화였어.

DAY 075 영화가 끝나고 #3

아직 영화를 보지 않은 친구가 어떤 영화였는지 물어본다면 다음 표현들을 활용해 보세요.

🎧 잘 들어보세요! *What you hear*

What kind / genre of movie is it?
영화 장르가 뭐야?

Who's in the movie?
영화에 누가 출연해?

Where does it take place?
어디를 배경으로 해?

👄 이렇게 말해보세요! *What you say*

It's a rom-com (romantic comedy).
로맨틱 코미디야.

action 액션　sci-fi 공상과학　thriller 스릴러　fantasy 환타지

There were a lot of twists.
반전이 많았어.

Brad Pitt is in the movie.
브래드 피트가 출연해.

● **Who is (Who's) in ...?** ...에 누가 출연해?

  ↘ **Who's in the musical?**
    뮤지컬에 누가 출연해?

  ↘ **Who is in the play?**
    연극에 누가 출연해?

  ↘ **Who is in the show?**
    쇼에 누가 출연해?

● **Where does ... take place?** ...의 장소는 어디야?

  ↘ **Where does this meeting take place?**
    미팅 장소는 어디야?

  ↘ **Where does their wedding ceremony take place?**
    결혼식 장소는 어디야?

  ↘ **Where does the film festival take place?**
    영화제 장소는 어디야?

공연 보러 가기

fully booked
모두 예약된

seat
좌석

row
열

musical
뮤지컬

play
연극

performance
공연

matinee session
낮 공연

evening show
저녁 공연

line
대사

role
역할

the stalls
1층 좌석

the dress circle
2층 좌석

the upper circle
3층 좌석

intermission
(연극, 영화 등의) 중간 휴식
시간

get a great seat
좋은 좌석을 잡다

a round of applause
한 차례의 박수 갈채

standing ovation
기립 박수

curtain call
커튼 콜 (공연이 끝난 뒤 관
객의 박수를 받으며 배우들
이 무대 위에 나오는 것)

encore
앙코르

공연 예매하기

공연 예매는 영화관 예매와는 다르게 위치에 따라 좌석 이름도 다르고 가격도 달라서 복잡해 보일 수 있지만, 다음 표현들을 미리 알아두면 쉽게 예매할 수 있을 거예요.

🎧 잘 들어보세요! *What you hear*

The matinee session is at 2 p.m. and the evening show is at 8 p.m.
낮 공연은 2시에 있으며 저녁 공연은 8시에 있습니다.

The seats in the stalls are $75 each, $55 for the dress circle, and $45 for the upper circle.
1층 좌석은 각각 75달러, 2층 좌석은 55달러, 3층 좌석은 45달러입니다.

It runs about three hours, with a twenty-minute intermission in the middle.
3시간 공연이며 중간에 20분 휴식 시간이 있습니다.

👄 이렇게 말해보세요! *What you say*

What time are the performances?
공연은 몇 시에 있나요?

I'll have four seats in the stalls for the matinee performance, please.
낮 공연으로 1층 좌석 4장 주세요.

Can I take one of the programs?
공연 안내 책자 하나 가져가도 될까요?

- **in the middle (of)** 한창 …하는 중인

  ↘ **I'm in the middle of lunch.**
  한창 점심 먹고 있어요.

  ↘ **I'm in the middle of studying.**
  한창 공부 중이에요.

  ↘ **I'm in the middle of doing something.**
  한창 뭐 좀 하고 있어요.

- **Can I take …?** …를 가져가도 되나요?

  ↘ **Can I take another one?**
  하나 더 가져가도 되나요?

  ↘ **Can I take one of these?**
  이 중에 하나 가져가도 되나요?

  ↘ **Can I take your coat?**
  코트 주시겠어요?

DAY 077 공연 후기

내가 본 공연에 대해 친구가 "공연 어땠어?"라고 묻는다면 다음 표현들을 활용해 보세요.

🎧 잘 들어보세요! *What you hear*

How did you like the performance?
공연 어땠어?

👄 이렇게 말해보세요! *What you say*

We gave them a round of applause.
우린 그들에게 큰 박수를 보냈어.

It was such a moving performance.
정말 감동적인 공연이었어.

We gave them a standing ovation.
우린 기립 박수를 보냈어.

The set was beautiful.
무대가 아름다웠어.

They did two curtain calls.
커튼 콜을 두 번 받았어.

They sang two encores.
앙코르로 두 곡을 불렀어.

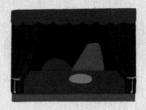

● **How did you like ...?** ...은 어땠어요?

↘ **How did you like the opera?**
오페라 어땠어요?

↘ **How did you like the movie?**
영화 어땠어요?

↘ **How did you like the performers?**
배우들은 어땠어요?

● **It was such a ....** 정말 ...이었어요. (강조할 때)

↘ **It was such a great experience.**
정말 멋진 경험이었어요.

↘ **It was such a crazy day.**
정말 정신 없는 하루였어요.

↘ **It was such a perfect moment.**
정말 완벽한 순간이었어요.

❶ 금요일에 영화 보러 갈래?

❷ 영화 뭐 나왔어?

❸ 앞쪽으로 주세요.

❹ 다음 영화는 몇 시인가요?

❺ 다른 영화는 표가 있나요?

❻ 아이들 세트 메뉴에 음료는 포함되어 있나요?

❼ 영화 어떻게 생각해?

❽ 이 영화 생각보다 별로야.

❾ 그 영화는 내 기대에 못 미쳤어.

❿ 영화에 누가 출연해?

⓫ 공연은 몇 시에 있나요?

⓬ 우리는 기립 박수를 보냈어.

☆ 이렇게 말하면 돼요!

❶ Do you want to go to the movies on Friday?
❷ What's out?
❸ I'd like to sit towards the front.
❹ What time is the next show?
❺ Are there any tickets available for other shows?
❻ Is a drink included in the Kids Pack?
❼ What do you think about the movie?
❽ The movie isn't as good as I thought.
❾ The movie didn't live up to my expectations.
❿ Who's in the movie?
⓫ What time are the performances?
⓬ We gave them a standing ovation.

CHAPTER 5

주제별 가벼운 대화 나누기 (스몰 토킹)

스포츠

날씨

클럽 & 파티

안부 묻기

음식

가족

스포츠

핵심단어

overtime
오버타임

athlete
(운동) 선수

favorite team
좋아하는 팀

baseball
야구

basketball
농구

go swimming
수영하러 가다

go skiing
스키 타러 가다

score
득점, 스코어

do yoga
요가하다

play against
~를 상대로 경기를 치르다

do Pilates
필라테스하다

win against
~를 상대로 이기다

heart rate
심박수

beat
(경기, 시합에서) 이기다

stamina
체력

blowout game
원사이드(일방적인) 게임

find one's balance
균형을 찾다

clean sheet
무실점 경기

work out
운동하다; 운동

end in a draw/tie
동점으로 끝나다

gym
체육관

close game
아슬아슬한 경기

work up a sweat
땀을 내다

break a sweat
땀을 흘리다

ride a bike / bicycle
자전거를 타다

burn calories
칼로리를 소모하다

build muscles
근육을 키우다

keep fit
건강을 유지하다

stay healthy
건강을 유지하다

lose weight
살이 빠지다

do cardio
유산소 운동을 하다

do a warm-up
준비운동을 하다

cool down
식히다

do stretching
스트레칭을 하다

skip
건너뛰다

DAY 078 어제 경기 봤어? #1

🎧 잘 들어보세요! *What you hear*

Who played last night?
어젯밤 어느 팀이 경기했지?

Who won?
어디가 이겼어?

What was the score?
득점(스코어)은?

👄 이렇게 말해보세요! *What you say*

Everton played against Man City.
에버튼이 맨시티를 상대로 경기를 치렀어.

Everton beat Man City.
에버튼이 맨시티를 상대로 이겼어.

It was a blowout game!
완전 원사이드(일방적인) 게임이었어!

🎙️ 표현을 활용해보세요! *Expressions*

● **Everton beat Man City.**
에버튼이 맨시티를 상대로 이겼어.

↘ 같은 의미로 win against(~상대로 이기다)라는 표현을 사용하여 Everton won against Man City.라고 말할 수 있으며,

↘ 스코어가 동점으로 끝났다면 They tied. 또는 The game ended in a draw/tie. (동점으로 끝났어.)라고 할 수 있어요.

● **It was a blowout game!** 완전 원사이드 게임이었어!

↘ 같은 의미로 It was a one-sided game. 또는 Everton completely dominated the other team. (에버튼이 상대 팀을 완전히 제압해버렸어.)라고 할 수 있으며,

↘ 경기가 아슬아슬해서 간발의 차로 승부가 났다면, 그럴 때는 It was a close game. (간발의 차로 승부가 났어.)이라고 말할 수 있어요.

어제 경기 봤어? #2

친구와 정말 재미있게 본 축구 경기에 관해 얘기할 때 다음 표현들을 활용해 보세요.

🎧 잘 들어보세요! *What you hear*

Have you seen the score of the Everton game last night?

어젯밤 에버튼 경기 스코어 봤어?

Everton won 4-3 in overtime.

에버튼이 오버타임까지 가서 4대 3으로 이겼어.

Sonny scored the overtime goal.

소니(손흥민 닉네임)가 오버타임에 득점했어.

👄 이렇게 말해보세요! *What you say*

They did? That's great. Who scored?

아 진짜로? 대박이다. 골은 누가 넣었어?

He did? Wow! That's fantastic. He's such a great athlete.

아 진짜로? 와! 대박이다. 정말 대단한 선수야.

Sounds like it was an exciting game.

엄청 재미있었나 보네.

- ● **Have you seen ...?** ... 봤어?

  ↘ **Have you seen the movie yet?**
  그 영화 아직 못 봤어?

  ↘ **Have you seen Chris?**
  크리스 봤어?

  ↘ **Have you seen the news?**
  뉴스 봤어?

- ● **Who scored ...?** 누가 득점했어/골을 넣었어?

  ↘ **Who scored the winning goal?**
  결승골은 누가 넣었어?

  ↘ **Who scored highest on the quiz?**
  그 퀴즈에서 누가 제일 득점 많이 했어?

  ↘ **Who scored the most points in NBA history?**
  NBA 역사상 누가 제일 많이 득점했어?

DAY 080 어디 응원해?

친구들과 같이 경기를 보면서 얘기할 때 다음 표현들을 활용해 보세요.

🎧 잘 들어보세요! *What you hear*

Who do you support?
어느 팀 응원해?

Is it a chance for back-to-back victories?
2연승할 수 있는 기회 맞지?

Who's the underdog in this game?
어느 쪽이 언더독(약체팀)이지?

👄 이렇게 말해보세요! *What you say*

I support Everton.
난 에버튼 응원해.

Please keep your fingers crossed for back-to-back victories.
2연승할 수 있도록 행운을 빌어줘.

● **I support ....** 난 ... 응원해.

비슷한 표현으로는 다음과 같은 것들이 있어요.

↘ **I'm an Everton fan.**
난 에버튼 팬이야.

↘ **I'm a big fan of Man City.**
난 맨시티 골수팬이야.

↘ **Everton is my favorite team.**
에버튼은 내가 좋아하는 팀이야.

↘ **The fans cheered on their teams hoping for a win.**
팬들은 그들의 팀이 이기기를 희망하면서 응원했다.

만약 다른 팀을 응원하거나 약팀을 응원한다면 이렇게 말해 보세요.

↘ **They're not my teams.**
내가 응원하는 팀들이 아니야.

↘ **I always root for the underdogs.**
난 언제나 언더독(약체팀)을 응원해.

DAY081 운동 좋아해?

🎧 잘 들어보세요! *What you hear*

Do you like sports?
운동 좋아해?

What sports do you enjoy playing?
주로 어떤 운동 즐겨 해?

Do you follow any sports?
좋아하는 스포츠 있어? (관련 뉴스나 경기를 주로 본다는 뜻)

👄 이렇게 말해보세요! *What you say*

I'm not that into sports, to be honest.
솔직히 스포츠엔 그다지 관심 없어.

I love going swimming.
수영하러 가는 거 정말 좋아해.

I follow baseball and basketball.
야구랑 농구 좋아해. (관련 뉴스나 경기를 주로 본다는 뜻)

표현을 활용해보세요! Expressions

- **I'm not that into ....** ...에 그다지 관심 없어.

↘ I'm not that into music.
음악에 그다지 관심 없어.

↘ I'm not that into politics.
정치에 그다지 관심 없어.

↘ I'm not that into comic books.
만화책에 그다지 관심 없어.

- **I love -ing.** ...하는 거 정말 좋아해.

↘ I love doing yoga.
요가하는 거 정말 좋아해.

↘ I love doing Pilates.
필라테스하는 거 정말 좋아해.

↘ I love going skiing.
스키 타러 가는 거 정말 좋아해.

요가 좋아해!

🗨️ *이렇게 말해보세요! What you say*

요가 수업을 듣는 이유에 대해 말하고 싶다면

I'm taking yoga classes these days. Because...
나 요새 요가 수업 듣잖아. 왜냐하면...

↘ I feel more comfortable and relaxed when I do yoga.
요가 할 때 보통 때보다 더 편안하고 여유로움을 느껴.

↘ Yoga also helps me improve my fitness.
요가는 내 체력 향상에도 도움을 줘.

↘ Yoga can help improve heart rate and stamina.
요가는 심박수와 체력 향상에 도움이 돼.

↘ I do yoga to find my balance.
균형을 찾기 위해 요가를 해.

난 요가가 조금 지루한 거 같다고 얘기하고 싶다면

I find doing yoga a bit boring. / Doing yoga is not fun.
나는 요가가 조금 지루한 것 같아. / 요가는 재미없어.

🎙️🔊 표현을 활용해보세요! *Expressions*

● **I'm taking ... classes / lessons.**
... 수업을 들어(배우고 있어).

↘ **I'm taking Pilates classes three times a week.**
난 일주일에 세 번 필라테스 수업을 들어.

↘ **I'm taking swimming lessons with my friends these days.**
난 요즘에 친구들이랑 수영 수업을 들어.

↘ **I'm taking English classes at Pagoda.**
난 파고다에서 영어 수업을 들어.

● **I feel ....** ...함을 느껴.

↘ **I feel tired but relaxed after a great workout at the gym.**
헬스장에서 제대로 운동을 하고 나면 피곤하지만 편안함을 느껴.

↘ **I feel calm and secure when doing yoga.**
요가를 할 때 차분하고 침착해져.

↘ **I feel great after I work up a sweat.**
땀을 흘리고 나면 기분이 좋아져.

이렇게 말해보세요! *What you say*

I ride a bike whenever I have time.
시간 날 때마다 자전거 타.

I enjoy the breeze while I ride my bike.
자전거 타면서 바람 쐬는 거 좋아해.

I sometimes ride with a group that broadens my social circle.
가끔씩은 여러 사람들이랑 같이 타면서 대인 관계도 넓혀.

Riding a bicycle can boost my mood and improve mental well-being.
자전거를 타면 기분도 좋아지고 정신 건강에도 좋은 거 같아.

Riding a bike is a good way to burn calories and build muscle.
자전거를 타면 칼로리 소모에도 좋고 근육 키우는 데에도 좋아.

● **whenever I have time** 시간 날 때마다

↘ Whenever I have time, I do boxing at my local gym.
시간 날 때마다 동네 헬스장에서 복싱해.

↘ Whenever I have time, I try to break a sweat.
시간 날 때마다 땀 빼려고 노력해.

↘ Whenever I have time, I spend time with my family.
시간 날 때마다 가족과 시간을 보내.

● *A* is a good way to *B*. A는 B에 좋아.

↘ Riding a bike is a good way to keep fit.
자전거 타면 건강을 유지하는 데 좋아.

↘ Riding a bicycle with a group is a good way to make friends and stay healthy.
여러 사람들과 같이 자전거 타면 친구도 사귀고 건강을 유지하는 데 좋아.

너 살 엄청 빠졌다!

🎧 잘 들어보세요! *What you hear*

Wow, Kelly! You've lost a lot of weight.
대박, 켈리! 너 살 엄청 빠졌다.

You've made some fantastic progress!
진짜 놀랄 만큼 변했네! (엄청난 발전이다!)

How much have you lost?
얼마나 뺀 거야?

👄 이렇게 말해보세요! *What you say*

I've been working out for a couple of months now.
운동 시작한 지 두어 달 됐어.

I've lost about 3 kilos.
3킬로 정도 빠졌어.

I've been doing a lot of cardio lately.
최근에 유산소 운동을 많이 했어.

● **made ... progress** ...한 진전을 이뤘다

↘ I think we made some good progress today.
오늘 우리 좀 좋은 진전이 있었던 거 같아.

↘ We've made absolutely no progress.
우린 아무런 진전이 없어.

↘ We've made significant progress.
우린 엄청난 진전을 이뤘어.

● **do cardio** 유산소 운동을 하다

↘ I don't think you need to do any more cardio.
넌 더 이상 유산소 운동은 안 해도 될 거 같아.

↘ Let's do some cardio first.
일단 유산소 운동부터 하자.

↘ I guess you're doing too much cardio.
너 유산소 운동을 너무 많이 하는 거 같아.

"나는 이런 이유로 운동을 해"라고 말하고 싶을 때 다음 표현들을 이용해보세요.

👄 이렇게 말해보세요! What you say

It's important to stay healthy.
건강을 유지하는 건 중요해.

Exercise can boost my mood.
운동하면 기분이 좋아져.

I just do it because I feel like I have to.
단지 해야 된다는 생각이 들어서 하는 거 같아.

I just like having fun with some good friends.
단지 친한 친구들과 어울리면서 노는 게 좋아.

It helps me get back in shape.
예전 몸매로 돌아갈 수 있어.

It feels great after a good workout.
운동을 제대로 하고 나면 기분이 좋아.

● **It's important to ....** ...하는 것은 중요해.

↘ **It's important to do a five-minute warm-up before I go jogging.**
조깅하러 가기 전에 5분 워밍업을 하는 게 중요해.

↘ **It's important to take five minutes to cool down.**
운동 후 5분 동안 열을 식히는 게 중요해.

↘ **It's important to stretch before you work out.**
운동하기 전에 스트레칭하는 게 중요해.

● **It helps me ....** ...하는 데 도움이 돼.

↘ **It helps me burn calories.**
칼로리를 소모하는 데 도움이 돼.

↘ **It helps me build some muscle.**
근육을 만드는 데 도움이 돼.

↘ **It helps me get rid of worries or concerns.**
근심 걱정을 없애는 데 도움이 돼.

DAY 086 운동이 잘 안 돼

🎧 잘 들어보세요! *What you hear*

I skip out too many days.
너무 많이 빼먹고 안 가.

My exercise regime is shot.
운동 스케줄 완전 망가졌어.

My muscles are aching all over.
근육이 다 아파.

👄 이렇게 말해보세요! *What you say*

Try something new.
새로운 걸 해봐.

Why don't you consider joining a team?
팀에 합류하는 건 어때?

Don't beat yourself up if you are exhausted.
지쳐있을 땐 너무 스스로를 혹사시키지 마.

● **... is shot.** ...가 고장 났어/망가졌어.

↘ **The fridge is shot.**
냉장고가 고장 났어.

↘ **My mind is shot. / His mind is not shot.**
멘붕이야(정신 나간 것 같아). / 걔는 멘탈 갑이야(정신이 멀쩡해).

↘ **My credibility is shot.**
내 신용이 망가졌어.

● **Why don't you consider ...?**
...에 대해 생각해보지 그래?

↘ **Why don't you guys consider working together?**
너희들 같이 일해보는 거에 대해 생각해보지 그래?

↘ **Why don't you consider marriage?**
결혼에 대해 생각해보지 그래?

복습하기 REVIEW

❶ 어젯밤 어느 팀이 경기했지?

❷ 어디가 이겼어?

❸ 에버튼이 오버타임까지 가서 4대 3으로 이겼어.

❹ 골은 누가 넣었어?

❺ 어느 쪽이 언더독(약체팀)이지?

❻ 난 에버튼 응원해.

❼ 좋아하는 스포츠 있어?

❽ 솔직히 스포츠엔 그다지 관심 없어.

❾ 요가할 때 보통 때보다 더 편안하고 여유로움을 느껴.

❿ 자전거를 타면 칼로리 소모에도 좋고 근육 키우는 데에도 좋아.

⓫ 3킬로 정도 빠졌어.

⓬ 건강을 유지하는 건 중요해.

☆ 이렇게 말하면 돼요!

❶ Who played last night?
❷ Who won?
❸ Everton won 4-3 in overtime.
❹ Who scored?
❺ Who's the underdog in this game?
❻ I support Everton.
❼ Do you follow any sports?

❽ I'm not that into sports, to be honest.
❾ I feel more comfortable and relaxed when I do yoga.
❿ Riding a bike is a good way to burn calories and build muscle.
⓫ I've lost about 3 kilos.
⓬ It's important to stay healthy.

날씨

DAY 087   날씨 참 좋다! / 비 올 것 같아!

핵심단어

rain
비; 비가 오다

snow
눈; 눈이 오다

humid
습한

dry
건조한

sticky
끈적끈적한

cold
추운

hot
더운

clear
맑은

windy
바람이 부는

sunny
화창한

freezing cold
얼어붙을 듯이 추운

scorching hot
타는 듯이 더운

sizzling hot
지글지글 타는 듯이 더운

sweltering hot
푹푹 찌는 듯이 더운

bundle up
(옷을) 껴입다

날씨 참 좋다! / 비 올 것 같아!

날씨는 누구에게나 부담 없이 편하게 이야기 나눌 수 있는 주제에요. 날씨로 대화를 시작해 보세요.

💋 이렇게 말해보세요! *What you say*

Beautiful day, isn't it?
날씨 너무 좋다, 그렇지 않아?

It looks like it's going to rain.
비 올 것처럼 보이네.

How long is it going to rain?
얼마나 비가 올까?

It's too humid for me!
나한텐 너무 습하네.

Is it true that it always rains in the UK?
영국에는 항상 비가 온다는 게 사실이야?

It's a bit cold for this time of the year, isn't it?
이맘때 날씨 치고는 좀 춥네, 그렇지 않아?

● 날씨가 너무 더울 때

↘ It's sizzling / sweltering / scorching hot today.
지글지글 타는 듯이/푹푹 찌는 듯이/타는 듯이 더운 하루야.

↘ It's a scorcher today.
오늘 찜통 더위야.

↘ I can't stand the heat.
더위를 견딜 수가 없어.

● 날씨가 너무 추울 때

↘ It's freezing cold.
진짜 춥다(얼어붙을 듯이 춥다).

↘ I can't stand the cold.
추위를 견딜 수가 없어.

↘ I can't feel my feet.
발에 감각이 없어.

↘ **Bundle up and stay warm.**
옷 껴입고 따뜻하게 있어.

클럽 & 파티

DAY 088　재미있게 놀고 있어?

listen to music
음악을 듣다

song
노래

lyrics
가사

track
곡

beat
박자

tempo
속도

upbeat
경쾌한, 긍정적인

genre
장르

house
하우스(클럽에서 주로
나오는 강한 비트의
전자음악의 한 형태)

rock
락

jazz
재즈

heavy metal
헤비메탈

hip-hop
힙합

classical
클래식

ambient
잔잔한

retro
복고풍의

take off
자리를 뜨다, 떠나다

throw a party
파티를 열다

attend parties
파티에 참석하다

dance all night long
밤새 춤추다

chat with friends
친구들과 수다 떨다

swim in the pool
수영장에서 수영하다

socialize
사람들과 사귀다

have fun
즐거운 시간을 보내다

right up my alley
취향 저격, 내 스타일인

electrifying / thrilling
짜릿한

laid-back
느긋한, 편안한

클럽 및 파티에서 마주친 친구나 사람들에게 편하게 말을 걸어보세요.

💬 이렇게 말해보세요! What you say

Are you having fun here? / Are you enjoying yourself?
재미있게 놀고 있어?

I'm having a whale of a time.
정말 즐거운 시간을 보내고 있어.

I love this kind of house music.
이런 하우스 음악 너무 좋아.

I like the beat!
비트가 좋다!

It's really crowded tonight.
오늘밤 여기 사람 정말 많다.

Do you come here often?
여기 자주 와?

● 클럽이나 파티에서 나오는 음악이 좋을 때

↘ That's a really good song!
노래 정말 좋다!

↘ It's upbeat and rocking.
신나고 멋지다.

↘ This is super catchy.
귀에 착착 감기네.

● 클럽이나 파티 분위기에 대해 말하고 싶을 때

↘ It's electrifying/thrilling.
짜릿하다.

↘ It's laid-back.
편안하다.

↘ It's right up my alley.
내 취향 저격이야.

안부 묻기

DAY 089   오늘 어땠어?

핵심단어

great
훌륭한

exciting
흥미진진한, 신나는

interesting
재미있는, 흥미로운

**can't complain /
no complaints**
잘 지내는

long day
긴 하루

rough day
힘든 하루

busy
바쁜

hectic
정신 없이 바쁜

nothing special
특별한 일이 없는

so-so
그저 그런

same old, same old
늘 똑같은

same as always
항상 똑같은, 언제나와 같은

have plans
계획이 있다

오늘 어땠어?

How was your day?
오늘 하루 어땠어?

How's your day been?
오늘 어떻게 지냈어?

You look like you're having a rough day.
오늘 힘들어 보이네.

Has anything exciting happened today?
오늘 뭐 재미있는 일 없었어?

Do you have any interesting plans for the evening?
저녁에 재미있는 계획 있어?

Are you doing anything fun after work?
퇴근하고 뭐 재미있는 거 할 거야?

🎙️)) 표현을 활용해보세요! *Expressions*

● 안부를 묻는 말에 좋다고 답할 때

↘ It's great / fine / good.
좋아.

↘ Things are going great.
다 잘 되고 있어.

↘ Couldn't be better.
이보다 더 좋을 수 없어.

● 안부를 묻는 말에 "그저 그래, 별로야"라고 답할 때

↘ Not so great.
그렇게 좋지 않아.

↘ Just surviving.
겨우 지내고 있어.

↘ I've been so busy lately.
최근에 너무 바빴어.

음식

favorite food
좋아하는 음식

Korean food
한식

Japanese food
일식

Chinese food
중식

Thai food
태국 음식

foodie
미식가

seafood person
해산물을 좋아하는 사람

flour-based food
밀가루가 들어간 음식

comfort food
추억의 음식, 기분 좋게 해주
는 음식

be crazy about
~이 너무 좋은

be good with
~와 잘 맞는

crave
갈망/열망하다

dessert
디저트, 후식

DAY 090 음식 뭐 좋아해?

🎧 잘 들어보세요! *What you hear*

What's your favorite food?
좋아하는 음식이 뭐야?

Are you a foodie?
너 미식가니?

Are there any foods that you absolutely would not eat?
절대로 안 먹을 것 같은 음식 있어?

👄 이렇게 말해보세요! *What you say*

I am a seafood person.
난 해산물을 좋아해.

I guess I'm a foodie. Food is one of my passions.
난 미식가인 거 같아. 음식은 내가 열중하는 것 중에 하나거든.

I'm not good with spicy food / seafood.
난 매운 음식/해산물은 못 먹어.

🎙️ 표현을 활용해보세요! *Expressions*

● 좋아하는 음식에 대해 얘기할 때

↘ Pizza is my comfort food.
피자를 먹으면 기분이 좋아져.

↘ Nothing can beat Korean food for me.
나한텐 한국 음식을 따라올 음식은 없어.

↘ I'm crazy about Thai food.
난 태국 음식 정말 좋아해.

● I'm not good with ....
나는 ...랑 안 맞아/...를 잘 못 다뤄.

↘ I'm not good with caffeine.
난 카페인이랑 안 맞아.

↘ I'm not very good with words.
난 말주변이 별로 없어.

↘ Sorry, I'm just not very good with children.
미안, 난 아이들이랑 별로 안 맞아.

뭐 먹고 싶니?

"...먹고 싶니?" 혹은 "나 이거 먹고 싶어."라고 말할 때 "Do you want...?", "I want...."라고도 하지만, 좀 더 재미있고 친근하게 말하고 싶다면 아래 표현들을 사용해 보세요.

🎧 잘 들어보세요! *What you hear*

Hey Kelly, what do you feel like eating?
켈리, 뭐 먹고 싶어?

Should we go for dessert after dinner?
저녁 먹고 나서 디저트도 먹으러 갈까?

👄 이렇게 말해보세요! *What you say*

I don't know. But to be honest, I've got a craving for some seafood.
잘 모르겠어. 근데 솔직히 해산물이 너무 먹고 싶긴 해.

I could really go for a burger.
난 햄버거가 땡기네.

I'd kill for a chocolate brownie right now.
난 지금 당장 초콜릿 브라우니가 먹고 싶어.

● **I've got a craving for....** ...을 간절히 원해.

↘ **I've got a craving for Vietnamese food.**
베트남 음식이 너무 먹고 싶어.

↘ **He's got a craving for cigarettes.**
그는 담배를 엄청 피고 싶어 해.

↘ **I've got a craving for pizza.**
피자 엄청 먹고 싶어.

비슷한 의미로 말할 때 I could really go for.... 또는 I'd kill for....를 사용해 볼 수 있어요.

↘ **I'd kill for a latte.**
라떼 한잔 너무 마시고 싶다.

↘ **Man, I could really go for a Starbucks, you know?**
있잖아 근데, 스타벅스 커피 한잔 진짜 땡기네.

가족

DAY 092 형제 있어?

핵심단어

parents 부모님	**older sister** 누나, 언니
father / dad 아버지 / 아빠	**older brother** 형, 오빠
mother / mom 어머니 / 엄마	**younger sister** 여동생
brother 형제	**younger brother** 남동생
sister 자매	**the oldest child** 첫째
siblings 형제자매	**the youngest child** 막내
son 아들	
daughter 딸	
only child 외동	
look like ~처럼 보이다	
take after ~를 닮다	

🎧 잘 들어보세요! *What you hear*

How many people are there in your family?
가족이 몇 명이야?

Do you have any siblings?
형제자매 있어?

👄 이렇게 말해보세요! *What you say*

There are five in my family. / I have a family of five. 우리 가족은 5명이야.

I come from a big / small family.
우리는 대가족 / 소가족이야.

I'm an only child. / I don't have any brothers or sisters. 나는 외동이야. / 나는 형제자매가 없어.

I have an older sister / brother.
누나(언니) / 형(오빠) 한 명 있어.

I'm the youngest / oldest child.
내가 막내야 / 첫째야.

● 가족 구성원과 생김새가 닮았다고 이야기하고 싶을 때

↘ I take after my father.
나는 아버지를 닮았어.

↘ My older sister looks like our mother.
언니/누나는 어머니를 닮았어.

↘ I resemble my mother.
나는 어머니를 닮았어.

● 가족 구성원과 공통된 또는 다른 관심사를 이야기할 때

↘ I have many things in common with my older
sister. 나는 언니/누나랑 공통점이 많아.

↘ I don't have much in common with my
younger brothers.
나는 남동생들이랑 공통점이 별로 없어.

↘ We have different interests.
우리는 관심사가 달라.

❶ 날씨 너무 좋다, 그렇지 않아?

❷ 비 올 것처럼 보이네.

❸ 비트가 좋다!

❹ 오늘 하루 어땠어?

❺ 저녁에 재미있는 계획 있어?

❻ 너 미식가니?

❼ 난 해산물을 좋아해.

❽ 난 매운 음식은 못 먹어.

❾ 난 햄버거가 땡기네.

❿ 난 지금 당장 초콜릿 브라우니가 먹고 싶어.

⓫ 가족이 몇 명이야?

⓬ 우리는 대가족이야.

☆ 이렇게 말하면 돼요!

❶ Beautiful day, isn't it?
❷ It looks like it's going to rain.
❸ I like the beat!
❹ How was your day?
❺ Do you have any interesting plans for the evening?
❻ Are you a foodie?

❼ I'm a seafood person.
❽ I'm not good with spicy food.
❾ I could really go for a burger.
❿ I'd kill for a chocolate brownie right now.
⓫ How many people are there in your family?
⓬ I come from a big family.

CHAPTER 6
소셜 미디어
& 인터넷

페이스북 · 트위터 ·
인터넷 하기

페이스북·트위터·인터넷 하기

페이스북

friend / unfriend
친구 신청하기 / 친구 설정 해
제하기

post
게시글; 게시글 올리기

like / unlike
게시글에 '좋아요' 누르기 /
'좋아요' 취소하기

share
게시글 공유하기

tag / untag
태그하기 / 태그 취소하기

delete
게시글 삭제하기

edit
게시글 수정하기

notification
알림

block
차단하기

mute
무음 처리하기, 알림 끄기

spam
(이상한 글이나 게시물로)
도배하기

Facebook status
페북 상태창

Facebook friends
페북 친구

트위터

tweet
트윗; 트윗하기

retweet
리트윗(다른 유저의 트윗을 공유)

quote tweet
인용 트윗(다른 유저의 트윗에 첨언하여 공유)

reply
답장하기

follow / unfollow
팔로우하기 / 언팔하기(팔로우 취소하기)

follower
팔로워

follow back
맞팔하기(상호 팔로우하기)

DM (direct message)
개인 메시지 보내기

hashtag (#)
해쉬태그

bot
(인공지능)봇

BR (best regards)
대화를 종료할 때 주로 쓰는 소셜 미디어 에티켓

feed
트윗 (게시물) 목록

인터넷

website
웹사이트

sign up for
~에 가입하다, 신청하다

username
아이디

password
비밀번호

log in / log out
로그인하다 / 로그아웃하다

URL
인터넷상의 파일 또는 웹페이지 주소

stream
스트림하다(데이터 전송을 연속적으로 이어서 하다)

stream movies on Netflix
넷플릭스로 영화를 보다

browser
브라우저(인터넷 이용 프로그램 창)

upload
업로드하다, 전송하다

download
다운로드하다, 내려받다

address bar
(웹 브라우저의) 주소창

소셜 미디어에서 사용되는 표현들은 단순하지만 일상 생활에서 사용될 때와 의미가 다른 경우가 많아서 모르면 당황스러울 수 있어요. 미리 알아두면 좋겠죠?

🎙️)) 미리 알아두세요! Expressions

친구하기 (friend)

I'll friend you on Facebook.
페북 친구 요청할게.

Did you unfriend me? Seriously?
너 설마 페북에서 나 친구 삭제한 거야?

How many friends do you have on Facebook?
페북 친구 몇 명이야?

태그하기 (tagging)

Tag me in that photo on Facebook.
페북에 있는 그 사진에 나 태그해줘.

I sometimes untag myself in some pictures I'm tagged in.
가끔씩 내가 태그되어 있는 사진에서 태그를 취소할 때가 있어.

(정보 및 사진 등) 게시하기/올리기 (post)

I'll post it on my Facebook.
페북에 올릴 거야.

Have you ever posted something on Facebook?
페북에 뭐 올려본 적 있어?

무음 처리하기 (mute)

I muted my Facebook friend who always posts her selfies.
계속 셀카 올리는 친구 무음 처리했어.

I muted some notifications.
알림 오는 거 몇 개 무음 처리했어.

Did you mute me?
너 나 무음 처리했어?

차단하기 (block)

I'm gonna block you if you keep spamming my timeline.
내 타임라인에 계속 도배질하면 너 차단할 거야.

🎙️)) 미리 알아두세요! *Expressions*

게시물 편집하기 (edit)

I edited my post last night.
어젯밤에 내 게시물 편집했어.

I edited my Facebook profile picture.
페북 프로필 사진 수정했어.

좋아요! (like)

Like my post before you share it.
'좋아요' 누르시고 공유하세요.

Why is no one liking my posts?
왜 아무도 내가 올린 게시물에 '좋아요'를 안 해주지?

What was the last post you liked?
네가 가장 최근에 '좋아요'한 게시물은 뭐였어?

도배하기 (spam)

Stop spamming junk.
이상한 걸로 도배질 그만해.

He spammed my timeline.
걔가 내 타임라인에 도배를 했어.

상태 알리기 (Facebook status)

His Facebook status says he's single.
그 남자 페북 보니까 싱글이라고 나와.

Why does your Relationship Status say "single" on your Facebook page?
왜 네 페북 페이지에 관계 상태가 싱글로 나오는 거야?

페북에서 말 걸기 (Facebook)

I'll Facebook you.
페북에서 말 걸게.

Why don't you Facebook him?
걔한테 페북으로 말 걸어보면 어때?

DAY095 트윗하기

팔로우하기 (follow) / 언팔하기 (unfollow) / 맞팔하기 (follow back)

I follow you on Twitter.
내가 너 트위터에서 팔로우하고 있어.

I always follow back my new Twitter followers.
난 항상 맞팔해. (누군가가 나를 팔로우할 때 같이 팔로우하는 경우 '맞팔로우(맞팔)한다'라고 해요.)

Follow me on Twitter and I'll do the same.
트위터에서 나 팔로우해 나도 맞팔할게.

I often unfollow many people and tighten my stream back to a bare minimum.
게시물들 최대한 적게 보려고 종종 많은 사람들을 언팔해.

Why did you unfollow me on Twitter?
왜 날 트위터에서 언팔했어?

내 게시물 공유하기 (tweet) / 남의 게시물 공유하기 (retweet)

She live-tweets everything.

그녀는 실시간으로 모든 걸 트윗해.

It's already got 10,000 retweets.

공유(리트윗)가 벌써 만 건이야.

태그하기 (tagging)

Tag me in it, too, so I can tweet it.

나도 트윗할 수 있게 태그해줘.

개인 메시지 보내기 (DM; Direct Message)

DM me if you have any questions.

궁금한 거 있으면 개인 메시지 보내(갠톡해).

DAY 096 "넘 이뻐요!" 댓글 남기기

넘 이뻐요!

Is this real or what? I guess this is how angels look.
이거 실화야? 천사 같아.

I'm in love with you.
당신과 사랑에 빠졌어요.

I'm obsessed with you.
당신에게 완전 사로잡혔어요.

You're unreal.
말도 안 돼.

I wish I could like this twice.
'좋아요' 버튼 두 번 누르고 싶어.

I'm dead.
죽겠다.

Selfie game on point.
셀피의 끝판왕.

This picture is lit!
이 사진 완전 짱!

Literally perf. (literally perfect)
말 그대로 완벽해.

This picture made my day.
이 사진 덕분에 기분이 좋아졌어.

You really look gorgeous in this one.
너무 아름답게 나왔어.

That's just dope.
쩐다.

Bae this one!
이 사진 짱이야!

You are a goddess.
여신이다.

Can't scroll...
화면 이동 불가...

넘 멋지다! 💬

sartorial

좋아요 10,214개

Lit bro!
넘 멋져!

I own this male.
이 남자 내가 찜했어.

Full swag bro!
완전 멋있어!

Looking dashing bro!
넘 멋져!

Always rocking bro!
언제나 핫해!

Mind blowing!
완전 멘붕!

Fantastic bro!
환상적이야!

Loving the shirt!
셔츠 넘 멋져!

Nice haircut!
머리 스타일 좋다!

Amazing smile!
미소 끝내준다!

Teach me how to take selfies like you!
어떻게 너처럼 셀카 찍는지 가르쳐줘!

Looking like a movie star!
영화배우 같아!

You are my cup of tea!
완전 내 스타일!

Million dollar pic bro!
백만 불짜리 사진이다!

DAY 098 "내 베프!" 댓글 남기기

내 베프! 💬

v_is_yours

좋아요 2,256개

I love my best friend.
내 베프, 사랑해.

It's always better when we're together.
우린 늘 함께할 때가 더 좋아.

Love ya to the moon and back.
하늘만큼 땅만큼 널 사랑해.

Everything is way more fun with you.
너와 함께라면 모든 게 훨씬 더 즐거워.

How did I get so lucky to have such a cool best friend?

너 같은 멋진 친구가 있다니 난 어쩜 이렇게 운이 좋지?

When we are together, it doesn't make a difference where I'm going. With you, it's always great.

우리가 함께 있으면 내가 어디에 있든 상관 없어. 너와 함께라면 언제나 행복해.

This look deserves applause.

이 사진 대박이다.(박수를 받을 만해.)

We both are different and we both are the same.

우리 둘은 다른 것 같으면서도 닮았어.

Well, I guess you're just like me. That's why I can't imagine my life without you.

넌 나랑 정말 닮은 것 같아. 이래서 내가 너 없이 못 산다니까.

Can we hang soon?

우리 조만간 보는 거지?

넘 잘 어울려요! 🖤

luv_is_all

좋아요 3,102개

Hey! You guys look so amazing together.
와! 둘이 정말 잘 어울려.

You two are meant for each other.
둘은 천생연분인 듯.

You both together are incomparable.
둘 다 넘 멋져.

Born to love each other.
인연인 듯.

This is LOVE.
이게 '사랑'이지.

Perfect Couple.
완벽한 커플이야.

Happily ever after story.
쭈욱 행복하길.

Match made in heaven.
하늘에서 맺어준 인연.

You two have always been the perfect definition of love.
둘은 항상 사랑이 어떤 건지 제일 잘 보여줘.

You both are making me aware of what real love is about.
둘이 진정한 사랑이 무엇인지 깨닫게 해주네.

May your smile always remain the same.
항상 그렇게 웃기를 바라.

Your man loves you so much.
남자친구가 당신을 아주 많이 사랑하네요.

웹사이트 방문하기

💋 이렇게 말해보세요! What you say

Can you text me the link to the website?
그 웹사이트 링크 좀 문자로 줄래?

Do I have to sign up (for the website)?
(그 사이트에) 가입해야 돼?

Do I need a username and a password for the website?
그 사이트 이용하려면 ID랑 비밀번호 있어야 돼?

Can I just log in using my Facebook account?
내 페이스북 계정으로 접속할 수 있어?

Just put the URL in or search it on Google.
주소창에 URL 주소 입력해도 되고 아니면 구글에서 찾아봐.

Google it.
구글에서 찾아봐.

I'm streaming the movie through my browser.
이 영화 인터넷 창에서 스트리밍 하는 거야.

🎙️)) 표현을 활용해보세요! *Expressions*

● **text ...** ...에게 문자를 보내다

↘ **Can you take a quick pic, so I can text it to my boyfriend?**
사진 하나 빨리 찍어줄래? 남자친구한테 보내게.

↘ **I'll text you later.**
이따 문자할게.

● **sign up (for) ...** ...에 가입하다, 신청하다

↘ **Sign up for the audition.**
오디션 신청해.

↘ **I didn't sign up for the website.**
그 웹사이트에 가입하지 않았어.

● **google ...** ...을 검색하다

↘ **I was Googling something.**
뭐 좀 검색하고 있었어.

↘ **Let me Google it.**
내가 검색해볼게.

❶ 페북 친구 요청할게.

❷ 페북에 있는 그 사진에 나 태그해줘.

❸ 너 나 무음 처리했어?

❹ 어젯밤에 내 게시물 편집했어.

❺ 페북에서 말 걸게.

❻ 내가 너 트위터에서 팔로우하고 있어.

❼ 궁금한 거 있으면 개인 메시지 보내.

❽ 이 사진 덕분에 기분이 좋아졌어.

❾ 너와 함께라면 모든 게 훨씬 더 즐거워.

❿ 둘은 천생연분인 듯.

⓫ 구글에서 찾아봐.

⓬ 그 사이트에 가입해야 돼?

✿ **이렇게 말하면 돼요!**

❶ I'll friend you on Facebook.
❷ Tag me in that photo on Facebook.
❸ Did you mute me?
❹ I edited my post last night.
❺ I'll Facebook you.
❻ I follow you on Twitter.
❼ DM me if you have any questions.
❽ This picture made my day.
❾ Everything is way more fun with you.
❿ You two are meant for each other.
⓫ Google it.
⓬ Do I have to sign up for the website?